Katharina Rutschky

Der Stadthund

Von Menschen an der Leine

Mit zwölf Zeichnungen
von Barbara Wrede

Rowohlt

1. Auflage Januar 2001
Copyright © 2001 by Rowohlt Verlag GmbH,
Reinbek bei Hamburg
Alle Rechte vorbehalten
Lektorat Barbara Wenner
Redaktion Hella Knappertsbusch
Umschlagfoto FOCUS / Elliot Erwitt, Paris 1989
Satz aus der Aldus PostScript PageOne
Gesamtherstellung Clausen & Bosse, Leck
Printed in Germany
ISBN 3 498 05758 8

Die Schreibweise entspricht den Regeln
der neuen Rechtschreibung.

Inhalt

1. Alle meine Hunde

Es sind bloß zwei, und deshalb kann ich mich hier bei der Vorstellung meiner Hauptpersonen kurz fassen.

Zuerst kam Nickel. Heute noch, nachdem so viele Jahre vergangen sind, ist mir sein Geburtstag fast so geläufig wie mein eigener. Dagegen entfällt mir das Datum seines Todes immer wieder, obwohl dann, wenn ich es nachschlage, die Abläufe jenes schrecklichen Tages und des folgenden, an dem er begraben wurde, in schmerzhafter Deutlichkeit wieder da sind. Nicht die Zeit und schon gar nicht Vernunft und Einsicht ändern etwas an dem Gefühl, dass der Tod dieses vollkommenen Wesens eine himmelschreiende Gemeinheit und Ungerechtigkeit war, ist und bleiben wird.

Nickel also, der erste Hund, der mein Leben begleitete wie ich seins, wurde am 5. April 1973 geboren und starb am

26. September 1988. Nickel war ein roter Cockerspaniel und hieß nach Auskunft der Urkunden, die mir beim Kauf ausgehändigt wurden, eigentlich Dino vom Wolkenschloss. Er war zwar ein gebürtiger Berliner, verbrachte aber auch einige Jahre seines Lebens in München, wo er im klaren Wasser der Isar tauchen lernte. Eine Möwenjagd im flachen Wasser der Nordsee, und zwar mitten im Winter, gehörte auch zu seinen großen Freuden. Viele Autowanderreisen hat er mitgemacht, neben anderen großen und interessanten Städten lernte er Wien und Amsterdam, Straßburg und Ljubljana kennen. Einmal in seinem Leben kam er ins Kino. Da war er wenige Monate alt und ich brachte es nicht über mich, ihn allein zu lassen. An der Kinokasse stieß ich auf Verständnis, und Nickel verschlief zu meinen Füßen Marlon Brando in «The Wild One», einem Halbstarkenmelodram im Bikermilieu. Oder doch fast; denn einmal schreckte er hoch und kommentierte mit einem lauten Bellen punktgenau eine schmachtfetzige Großaufnahme von Brando in schwarzem Leder. Das Publikum lachte und die etwas peinliche Schwüle verflog, die diesem Film eignet. Im hohen Alter litt Nickel an seinem kranken Sportlerherz. Sein Gesicht wurde weiß und weißer. Auf einem unserer nun geruhsameren Morgenausflüge fanden wir eine halb verhungerte Siamkatze, etwa ein halbes Jahr alt und, nach den Umständen zu urteilen, frisch ausgesetzt. Ich nannte sie Jettchen.

Als Nickel starb, hinterließ er einen Spezialfressnapf für langohrige Hunde, eine Wasserschüssel, ein Halsband aus Metallgliedern vom Typus Teilwürger und seine große Lederleine. Außerdem blieben mir ein Haufen Fotos und so viel Trauer, so viele und mächtige Erinnerungen, dass der Platz des Hundes an meiner Seite von Nickel, wiewohl nun tot und begraben, auf immer besetzt schien. Mir drohte das

Schicksal der jungen Kriegerwitwen, an die ich mich aus meiner Kindheit gut erinnern konnte. Da hatten es ja auch viele vorgezogen, sich mit Fotos eines Toten in einer großen Liebe einzurichten, statt sich dem Leben mit all seiner Rohheit neu zu stellen. Es geht einfach weiter, als wäre nichts gewesen.

Ich hatte also lange Zeit ganz entschieden keine Lust, in den Ruf auszubrechen: «Der Hund ist tot – es lebe der Hund!» Hier ist nun der Platz, Herrn Rutschky einzuführen, der an Nickel auf seine Art kaum weniger gehangen hatte als ich. Verglichen mit mir, genießt er neben anderen Vorzügen aber den, einer notorischen Hundehalterfamilie zu entstammen. Er wusste, was ich nicht wusste und in meinem Schmerz noch weniger begreifen konnte: «Hunde kommen, Hunde gehen.» Beim Stand der Veterinärmedizin vor fünfzig Jahren sogar viel häufiger als heute.

Herrn Rutschkys Eltern hatten Hunde gehabt, ehe sie Herrn Rutschky in die Welt brachten, und dann weiterhin Hunde besessen. Zur Familienfolklore gehörten Namen wie Jolie, Dickie und Strietzel, auch wenn die dazugehörigen Dackel längst verschwunden waren. Der aktuelle, dessen Bekanntschaft ich zeitgleich mit der von Herrn Rutschky machte, hieß Teddy und war ein schwarz-roter Langhaardackel. So war in Herrn Rutschkys Leben immer ein Hund auf den nächsten gefolgt, und das übt. Man stürzt sich nicht so haltlos wie ich in eine Leidenschaft zu einem bestimmten Hund, sondern man abonniert am besten, wie es der Fatalismus in Anbetracht der durchschnittlichen Lebenserwartung eines Hundes nahe legt, auf die Spezies allgemein.

Für diese Botschaft hatte ich nichts übrig. Wenn Herr Rutschky vorsichtig fragte, ob es nicht an der Zeit sei, einen Nachfolger für Nickel planvoll zu erwerben, fasste ich solche

Reden nur als Verrat auf. Offenbar wurde mein Kummer gar nicht ernst genommen! Herr Rutschky dagegen fürchtete nicht ganz zu Unrecht den Tag, an dem ich mit einem geretteten Tier nach Hause käme, dessen unvermeidlich hässliche und kränkliche Befindlichkeit meinem Seelenzustand entspräche und das eine traurige Aufopferung in Gang setzen würde, die mit der herrlichen Nickelhundvergangenheit überhaupt nicht zu vergleichen wäre. Das hätte passieren können. Zwar gibt es in Berlin keine stray dogs wie in anderen Weltgegenden, wo sie ein kurzes und in aller Regel elendes Dasein führen, aber von einzelnen ausgesetzten Tieren hört man ja immer wieder.

Ich kann von Glück sagen, dass jener Mann mit dem großen Hund mir dessen traurige Geschichte und Zukunftsaussicht erst erzählte, als ich aus dem gröbsten Trauern raus war und auch schon wieder einen kleinen Cockerspaniel bei mir hatte. Dürr war er, der Hund des Mannes, scheu und verschüchtert, ganz dazu angetan, ein trauriges Herz wie das meine noch weiter zu erweichen. Vernachlässigt war er, misshandelt sollte er auch worden sein. «Mir tut das Tier so Leid», führte der Mitbürger aus, «ick würde ihn ja selber nehmen, aber ick bin arbeitslos momentan und allein stehend. Mein Hauswirt macht auch schon Ärger. Für eine Einzimmerwohnung ist der Hund sowieso zu groß. Das wär Stress für das Tier, und das will ick nicht.»

Mehr als der lebensfreundliche Fatalismus, den Herr Rutschky mir beizubringen versuchte, überzeugte mich schließlich eine These, aus der mehr Pietät sprach: «Man ehrt einen Hund, indem man ihm einen Nachfolger gibt.» Demnach hätte Nickel den Posten eines Hundes im Allgemeinen, den eines Cockerspaniels im Speziellen so erfolgreich besetzt, dass dieser Posten keinesfalls mit dem Sparkürzel «k.w.» (kann wegfallen!) versehen und mir nichts, dir nichts gestrichen werden durfte. Während des knappen Trauerjahrs, von dem anfänglich nicht klar war, ob es nicht lebenslänglich dauern würde, übte ich mich also mehr und mehr im Perspektivenwechsel. Mein erster und einziger Wunderhund Nickel war zwar dahin, aber es war ihm doch gelungen, eine Tradition, ja, eine Dynastie zu begründen. Ich konnte die traurige Idee, seine Leine, sein Halsband, seinen Fressnapf und seine Badetücher im Mülleimer zu versenken, aufgeben und die schmerzlichen Memorabilia zum Erbe für den nächsten Hund umdeklarieren. Zeitweise plante ich sogar, ihn Nickel II. zu nennen und so den dynastischen Gedanken zu vertiefen und zu befestigen.

Dann trat aber, nach einigen von mir plötzlich unternommenen Telefonaten im Umkreis der Cockerspanielwelt lt. Branchenbuch, Kupfer in mein Leben. Er hat am 30. März Geburtstag, behauptet seine Geburtsurkunde, die gleichzeitig Auskunft über seine Vorfahren mütter- und väterlicherseits bis in die graue Vorzeit gibt. Mir ist aber von seiner Quasimutter, Züchterin und Amme bekannt, dass auch der 31. März infrage gekommen wäre. Die Geburt von acht Cockerspaniels – drei weiblichen, fünf männlichen Geschlechts – zog sich eben sehr lange hin. Kupfer hieß natürlich auch nicht von Geburt an Kupfer, sondern Ismo von Jägermeisters ...

So wenig wie seine sieben Geschwister ist Kupfer ein roter Cockerspaniel, wie ich ihn mir als Nachfolger und Sicherer des dynastischen Erbes für Nickel ersehnt hatte. Sein Farbschlag heißt klassisch «Black and Tan» oder heute auch «Schwarz mit Loh». Das meint, er ist im Prinzip schwarz, gewinnt aber seinen dramatischen, ja, grimmigen Ausdruck aus den rotbraunen Flecken, die er über den Augen, auf der

Brust, an den Pfoten und am Hintern hat. Auch an den üppig behaarten langen Ohren sieht man eine Zeichnung von Braun auf Schwarz.

Ich wollte anfangs nicht nur Nickel II., sondern, nimmt man's genau, einen Klon meines ersten Wunderhundes. Nickel blickte einen aus moorigen Augen an. Im Kern waren sie dunkel und wurden auch drum herum nicht heller; denn Nickel war ein hoch intellektueller Romantiker vom Schlage etwa eines Friedrich Schlegel – wohingegen ich Kupfer eher eine Verwandtschaft mit Eddie Murphy, Bruce Willis oder Götz George in seiner Rolle als «Schimanski» attestieren möchte. Kupfer ist ein Macho mit Neigung zu schwerer Hysterie – eine Kombination, die nur auf den ersten Blick seltsam anmutet. Was ist schließlich ein Macho? Ein Typ, gelegentlich auch auf vier Pfoten, wie Kupfer beweist, der eine extreme Sensibilität für Ehrverletzungen an den Tag legt. Und wie verletzt man die männliche Ehre? Durch schlichte Dummheit und Ignoranz gegenüber den Geboten der Kastrationsangst, die samt und sonders alle männlichen Lebewesen umtreibt – seien es Menschen oder Hunde. Es gilt, sich wechselseitig Respekt zu bezeigen, und wer da nicht mitspielt, riskiert den Krieg.

Bei Kupfer sieht man auch das Weiße, das, wenn er seine Augen rollt, nicht wenig zum halbstarken, manchmal sogar leicht unheimlichen Eindruck beiträgt, den die Augen im Kontext seines so prägnant gefärbten Haarkleides außerdem machen. Was habe ich deswegen geseufzt, dass Kupfer nicht Nickel, sondern Kupfer war! Er sah nicht bloß anders aus, er war ein ganz anderer Hund. «Der hat ja keine Augen», staunten die Kinder im Kiez, als sie ihn zum ersten Mal sahen. Ein kleiner Junge floss sogar vor Mitleid richtig über, weil er annahm, der kleine Hund sei vollkommen blind! Die

braun-roten Makeln über den Augen, ins schwarze Haar ge-
pflanzt, führen jeden völlig in die Irre, der in seine Physio-
gnomie nicht eingelesen ist.

Als eine optische Täuschung kann der ganze Hund
durchgehen. Spontan wird Kupfer wie die meisten Cocker
für ein Mädchen gehalten, das lieb und harmlos ist. Wer
ihn kennt, weiß dagegen, dass er dem Typus des Kampfhundes entspricht, den die Zeitungen seit langem in schrecklichen Farben malen. Wer seine Ehre verletzt, den will er
strafen, obwohl ein Spaniel wie er andererseits eine starke
Beißhemmung hat. Nicht umsonst sind Generationen seiner
Vorfahren im Apportieren geschult und werden gern geprüft, ob sie ein rohes Ei heil herbringen können! Oder ein
Federvieh, ohne sein Federkleid auch nur im Mindesten zu
beschädigen.

Wie Nickel ist auch Kupfer viel gereist, aber anders. Als
typischer Wendehund vom Jahrgang 1989 wurde er vor al-
lem mit den fünf neuen Bundesländern bekannt gemacht.
Bis heute verbringt er seine Weihnachtsferien in Binz auf
Rügen. Zwischen Stralsund und Görlitz, Quedlinburg und
Cottbus hat er keine auch nur halbwegs sehenswürdige
Stadt in der alten DDR ausgelassen. Am Anfang war es gar
nicht so einfach, dort mit einem Hund zu reisen; denn in der
DDR hatte es natürlich auch Hunde gegeben, sogar Vereine,
die Sport und Zucht organisierten. Aber das humanistische
Erbe bedingte eine strenge Unterscheidung von Tier und
Mensch, sodass wir als gemischte Gruppe doch oft Probleme
hatten, in Cafés und Restaurants zugelassen zu werden. Inzwischen hat der Kapitalismus jedenfalls hier, wo es um die
Integration der mitreisenden Hunde in die Gastronomie
ging, segensreich gewirkt. Ganz unaufgefordert wird Kupfer
in jedem Lokal eine Schale mit frischem Wasser nebst

freundlichen Worten angeboten. Service statt Humanismus, das kann ein Fortschritt sein.

Wenn man in der Stadt einen Hund hält, hat man gute Aussichten, von der Anonymität der Großstadt nie etwas mitzubekommen. Mit jedem Tier muss man doch wenigstens dreimal täglich auf die Straße, sodass auch neu Zugezogene binnen kürzester Frist eine Menge Grußbekanntschaften schließen können; zuerst mit den Leuten, die auch einen Hund haben; dann mit Leuten, die Hunde wenigstens schätzen, darunter insbesondere Kinder jeden Alters. Selbstverständlich lernt man auch Leute kennen, die man gar nicht kennen lernen möchte, solche, die sich beim Menschen über den Hund beschweren, weil er jemanden erschreckt oder, woran man einen männlichen Hund nicht hindern kann, weil er sein Bein hebt. Es gibt Leute, die mit Eifer die Straßenbäume schützen wollen – anderen sind die Nummernschilder ihrer geparkten Autos oder die Fahrradreifen heilig. Wieder andere verteidigen Hausmauern und Toreinfahrten, als gehöre ihnen das Ganze und als gedächten sie, auf dem dreckigen Grasfleck neben den Mülltonnen demnächst ein Picknick zu veranstalten. So haben Kupfer und ich uns die Feindschaft einer alten Frau zugezogen, zur Erheiterung beider Parteien, wie ich behaupte. Kaum näherte sich der Hund dem so genannten Vorgarten, um ihn zu durchstreifen, schrie sie vom Balkon ihrer Wohnung im vierten Stock unverständliche Gemeinheiten auf uns herab, die wohl den Schutz dieser fragwürdigen Grünanlage beabsichtigten. Anfangs versuchte ich, zu erklären und zu entschuldigen, bis ich eines Tages begriff, dass sie uns förmlich auflauerte und abpasste, um uns ungehemmt abzukanzeln. Ihre tägliche Ration Gesellschaftsleben.

Die sicherste Methode, sich als Neuling oder gar noch als

Außenseiter in einer Ecke der großen Stadt einzurichten und die Vorzüge einer quasi dörflichen Lebensweise ohne den Druck der dörflichen Kontrolle zu genießen, besteht im Ausführen eines Welpen. 1972 zum Beispiel bezogen Herr Rutschky und ich unsere erste richtige Wohnung, die aus einem Laden an der Straße und zwei kleinen Zimmern bestand, die auf den Hinterhof schauten. Im Laden wurde mittels hundert Apfelsinenkisten unsere Bibliothek aufgestellt; dazu noch ein großer alter Tisch mit Stühlen zur Abhaltung von Arbeitskreisen und ein kleiner für die Schreibmaschine, über der wir in rahmenlosen Bildträgern unsere zahlreichen imaginären Lehrer zwischen Freud und Mao aufgehängt hatten. Die Nachbarschaft sah das alles mit Verwunderung, ja Befremden, bis Nickel auftauchte. Wir verwandelten uns mit ihm aus sonderbaren, beunruhigenden und verunsichernden Personen aus der Fremde in die Leute, denen der süße kleine Cocker gehört. Später, wieder ganz woanders, betätigte sich der junge Kupfer als soziales Passepartout. Wenn man alle zwei Stunden vors Haus muss, dann ist ja klar, dass einen binnen weniger Wochen die ganze Straße gesehen oder sogar gesprochen hat, ehe der Hund stubenrein ist.

Der Hund ist ein Kommunikationsmedium, das soziale Distanz verringert, Vertrauen bildet und das außerdem noch ungeachtet von Klasse und Schicht bestens funktioniert. Menschen mit Hund haben kaum Hemmungen, andere Menschen mit Hund anzusprechen. Menschen ohne Hund sind weniger schüchtern, wenn zwischen ihnen und dem Mitbürger ein Hund sitzt, steht oder liegt. Natürlich sollte es gegenwärtig besser keiner der modischen Kampfhunde sein, die bei den einen so beliebt wie sie den anderen verhasst sind. Im eigentlichen Sinn kann nur der Stadthund als bedeutendes Kommunikationsmedium gelten. Hunde auf dem Lande, ja schon solche mit eigenem Haus und großem Garten können wenig am Prozess der Zivilisation mitwirken, weil sie dort, entgegen ihrer Neigung, als Naturwesen gehalten werden und darüber leicht vertrotteln. Gebildete Stadthunde, wie Nickel und Kupfer, finden sich überall zurecht, auch in Wald, Feld und Garten. Sie kennen die unterschiedlichsten Leute und Lebenssituationen und vor allem natürlich jede Menge andere Hunde von der Straße – wie soll ein Landhund da mithalten!

Zu den wirklich erhebenden Momenten meines Lebens mit Hund gehört die folgende Szene: Zu Gast bei einer Landfrau und Jägerin mit entsprechend imposantem Hundeanhang – drei Dackel und ein riesiger Pudelpointer – musste Kupfer den Weg die Treppe hinauf in sein Appartement finden. Die Jägerin bot nach einem mitleidigen Blick auf meinen schönen, vermutlich ja überzüchteten Cockerspaniel aus Berlin gleich an, ihre raue Truppe wegzusperren, damit kein Blut flösse oder der verwöhnte Einzelhund keinen Schaden an seiner zarten Seele nähme. Trotz einer gewissen Furcht wegen des Pointers lehnte ich das Angebot ab und versuchte, mich fest an meinen Glauben zu halten. Dessen Hauptsätze lauten: 1. Ich kenne meinen Hund. 2. Die andern Hunde sind auch nicht blöd. Es stellte sich heraus, dass die Dackel – zwei Damen, ein Herr – tückischer waren als der Pointer. Sie schossen auf Kupfer zu, ohne ihn mit diesem Betragen aber von seiner vornehm-höflichen Linie abzubringen. Der Pointer bellte nicht einmal, machte nur einen bedrohlich wirkenden Ausfall gegen Kupfer, der stocksteif, aber aufmerksam und hochwürdig stehen blieb, um sich beschnuppern zu lassen. Dann zog er die Treppe hinauf, nicht furchtsam flüchtend, sondern langsam und ruhig. Das besagte nach meinem

Eindruck: «Meine Leute und ich sind hier zwar bloß zu Besuch, aber gewisse Rechte sind damit auch verbunden. Also reißt ihr euch zusammen, dann halte ich es auch durch. Wenn dieses Dackelgesocks aber jeden Tag so herumkrawalliert und Sie, Herr Pointer, glauben, dauernd den Kontrolletti machen zu können, dann kriegen wir alle Ärger.» Es kam nicht dazu. Nicht umsonst hat Kupfer auf den Straßen von Berlin gelernt, mit anderen Hunden, die er oftmals hasst, auszukommen, indem er sie mit Nebenblicken zwar fixiert, in der Hauptsache aber dezidiert übersieht. Die Landfrau und Jägerin war erstaunt. Ihren eigenen Hunden hätte sie mehr Aggressivität gegenüber dem Eindringling zugetraut. Vielleicht war sie sogar enttäuscht, dass Kupfer den unerfahrenen Landeiern eine Lektion in wirklich gutem, zivilisiertem Benehmen erteilt hatte, statt sich artig zu unterwerfen? Der Landhund weiß eben nicht, was der Stadthund längst mitbekommen hat: Du bist nicht allein – also tausche deinen Größenwahn gegen Geselligkeit, Spiel und Sport.

Die wenigsten Leute benutzen ein Kommunikationsmedium, das die Erscheinungsform eines Hundes angenommen hat. Ich bestimmt nicht. Aber warum habe ich Hunde und liebe sie so sehr und bin damit keine Ausnahme in den großen Städten, ganz im Gegenteil? Da heißt es buddeln und nochmal buddeln …

2. Die Leine

Die sicherste und darum wichtigste Verbindung zwischen Mensch und Hund in der Stadt stiftet nach der Überzeugung vieler die Leine. Diese selbst kommt in drei Variationen vor: erstens als Leder- oder Kunststoffband von unterschiedlicher Länge, das mit einem Karabinerhaken am Halsband des Tieres befestigt wird; zweitens als Schnappleine. Sie gestattet dem Hundehalter mittels einer von ihm kontrollierten Auf- und Abrollmechanik (wie beim Staubsaugerkabel), das menschliche Sicherungsbedürfnis mit der Vorstellung vom freien Tier zu verbinden. Dieser Leinentyp scheint einen fast genialen Kompromiss zwischen Menschenangst und Tierwildheit unter den Bedingungen des zivilisierten Daseins lebbar zu machen, bildet in Wahrheit aber die moderne Ambivalenz im Verhältnis von Mensch zu Hund bloß prägnant ab. Es ist deshalb kein Wunder, dass von allen Leinen bisher nur die Schnappleine zu humoristischen Eingebungen inspiriert. Kennen Sie den Cartoon, auf dem eine Dame, ihren Minihund an der Schnappleine, hastig die Straße überquert und dann vergebens nach ihrem Fiffi schaut, der, immer noch brav angeleint, nun als Hundebriefmarke zurückgeblieben ist? Gegen die Schnappleine spricht natürlich auch, dass Menschen wie ich, von höherer Bildung und dito eher überdurchschnittlichem Einkommen, selbst wenn sie keine Hunde haben, voller Abscheu von ihr sprechen. Die Schnappleine, beiläufig ein amerikanischer Export, ist etwas für Doofe, Spießer und Prolos.

Drittens kommt die Leine seit einigen Jahren als Brustgeschirrinstallation vor. Es handelt sich hier um eine Entlehnung aus dem Schlittenhundwesen und ist mit den neuerdings beliebten Huskys und Malamutes in Schwang gekommen. Ich nenne sie die grüne oder Öko-Leine. Die Zugkraft des Hundes, der nie gern an der Leine geht, und das Kontrollbedürfnis des Hundehalters, das auch nie ruht, treffen sich nicht in der gegenläufigen, aber addierten Kraft am Hals des Hundes, wie bei einer einfachen Leine, und würgen, sondern verteilen sich im Brustgeschirr. Zwar zieht der Hund wie ein Teufel und der Mensch hält dagegen – erspart bleibt Letzterem aber die Vorstellung, im Konflikt der Interessen werde nicht nur der Wille des Tieres missachtet, sondern auch seine Gesundheit beeinträchtigt. Tatsächlich kann ein gewisses Sticken und Würgen und anschließendes Husten des Hundes schon vorkommen, wenn man ihn in brisanten Situationen an die Leine nimmt. Persönlich kenne ich zwei, wo das immer wieder nötig ist. Der Hund hat die Spur einer heißen Hündin aufgenommen und hält nun nach ihr Ausschau. Da kann es passieren, dass er die ihm sonst bekannten Gefahren des Straßenverkehrs und alles, was er darüber von mir gelernt hat, vergisst. Er vergisst auch mich. Wenn Mahnen und Warnen, ja Schreien nicht mehr helfen, tritt die Leine in Kraft, auch wenn sie würgt und stickt. Das sind dann mindestens hundert Meter, bis der Hund die Hündin aus dem Auge verloren und vorläufig vergessen hat. Eine Weile allerdings muss ich dann noch ein scharfes Auge auf ihn haben; denn wenn er sich Sex in den Kopf gesetzt hat, ist er gern bereit, sich auch andere Hündinnen, ja sogar Hunde zurechtzugucken.

Der zweite Fall für die Leine tritt ein, wenn der Hund auf einen seiner drei, vier Feinde zu treffen droht. Das sind Rüden wie er, mit denen er sich das Revier in unmittelbarer Umgebung der Wohnung teilen muss, aber nicht will. Wirklich unangenehme Folgen hat bisher aber nur die von meinem Hund sehr einseitig gepflegte Feindschaft mit einem Pitbull-Terrier namens «Baby» gehabt. Den unbändigen Hass auf dieses äußerst brave und, wie er bei einigen Konfrontationen, die ich nicht vermeiden konnte, bewiesen hat, großherzige Tier hat mein Hund nämlich inzwischen auf alle so genannten Kampfhunde männlichen Geschlechts übertragen. Man könnte fast meinen, er lese die Zeitungen, wo diese Hundesorte gegenwärtig ja fast ununterbrochen kritisch beleuchtet wird.

Während ich also eine Leine nur für Notfälle bereithalte, schätzen die meisten anderen Stadtbewohner sie ungemein, und viele können sich Hunde ohne Leine gar nicht vorstellen. Sehe ich einmal von den Kindern ab, deren Leidenschaft für strengste Leinenführung nie in Widerspruch gerät zu ihrer Begeisterung für den Hund, lassen sich bei den erwachsenen Leinenbefürwortern zwei Gruppen unterscheiden. Die erste wird von den Hundekri-

tikern und Hundefeinden gebildet, die zweite von Hundehaltern selbst.

Ich behandle zuerst die Hundekritiker und Hundefeinde,
die zwar nicht im öffentlichen Raum, aber in der politischen
Öffentlichkeit seit langem das Sagen haben. Neuerdings
taucht in diesen Debatten immer öfter die Forderung nach
einem generellen Leinenzwang für Hunde auf. Manche wollen dagegen nur potenziell gefährliche Hunde an die Kan-
dare nehmen und listen die Rassen auf, bei denen man im
Prinzip auf Böses gefasst sein muss. Dieser Ansatz bietet die
Möglichkeit, endlos über den Umfang der Liste und über die
Statistiken zu reden, in denen das Böse erfasst wird. Die bis-
herige, sozusagen rechtsstaatliche Regelung, nur bereits
straffällige Tiere zum Leben an der Leine zu verurteilen, findet immer weniger Befürworter. Momentan gilt in Berlin
für dreizehn aufgeführte Rassen ein genereller Maulkorb-
und Leinenzwang.

Entschieden zu den Hardlinern und Verfechtern einer
rigorosen Law-and-order-Politik gehört jener Berliner Bezirksstadtrat, der unter Hinweis auf dreihundert Hundebisse
allein in seinem Bezirk die Landesregierung zum Handeln
auffordert. Die Hälfte dieser Bisse, mit denen Amtstierärzte
ihre kostbare Zeit verplempern müssen, trifft allerdings nicht
Menschen, sondern geht von Hund zu Hund. Trotzdem die
Forderung: Alle Hunde an die Leine, nicht bloß die gefährlichen – Letztere gehören, so findet der Bezirksstadtrat, ganz
verboten. Standen vor zehn, zwanzig Jahren im Mittelpunkt
der Debatte für Hundekritiker und Hundefeinde die Hy-
giene, die Gefahren mannigfacher Art, die vom Hundekot
ausgingen, so konzentriert sie sich heute auf das Problem der
Gewalt. An die Stelle des mythischen Kleinkindes, das auf der
grünen Wiese tollt und alles in den Mund nimmt, oder des

Großstadtflaneurs, der sich nicht mehr trauen kann, den Blick vom glitschigen Trottoir zu nehmen, treten jetzt Erzählungen von Verfolgung und Bedrohung, von Gewalt und Tod.

Ein Verkehrsunfall, der im Oktober 1999 einen sechsjährigen Jungen in Berlin das Leben kostete, ist fast im Handumdrehen in eine solche Erzählung dämonischer Bedrohung durch das Tier-Mensch-Paar verwandelt worden, das unverleint und wild durch die Straßen streift. Berichtet wurde, dass das Kind auf seinem Heimweg auf der Flucht vor einem frei laufenden Dobermann auf die Straße gerannt ist und dort von einem Auto überfahren wurde. Den Autofahrer trifft keine Schuld. Augenzeugen (welche das waren und von wo aus sie den Ablauf der Ereignisse beobachten konnten, erfuhr der Zeitungsleser nicht) wollen nicht nur das fliehende Kind und den jagenden Dobermann, sondern auch dessen Herrschaft ausgemacht haben. Es soll eine blonde junge Frau um die zwanzig gewesen sein, die sich ungerührt mit ihrem Hund vom Ort des Unglücks entfernte. Besser gesagt, die beiden lösten sich in das Nichts auf, aus dem sie vielleicht auch gekommen waren.

Eine Geschichte, der keine Zutat fehlt, und die man besser gar nicht hätte erfinden können, obwohl sie wahrscheinlich erfunden ist. Allerdings hat sie keinen einzelnen Autor, sondern ist in einem Zusammenspiel von Hundefeinden, Lokalreportern auf der Suche nach dramatischen Meldungen, verzweifelten Eltern und einem geschockten Autofahrer entstanden. Untermauert das Unglück die Forderungen der Hundefeinde und Hundekritiker aufs Trefflichste, so lassen sich bei den Eltern des getöteten Kindes und dem Autofahrer andere Mitwirkungsgründe vermuten. Zwar trifft beide keine Schuld – aber wer würde sich in einer solchen Lage nicht doch Vorwürfe machen, Versäumnisse beklagen, die das reale

Unausdenkbare wieder ungeschehen machen? Man kann wohl nicht anders, als sich schuldig zu fühlen und nach Schuldigen zu suchen, wenn man ein Kind verloren hat oder an seinem Tod beteiligt war.

Die Polizei tat mehr, als sie sonst bei vergleichbaren Verkehrsunfällen zu tun pflegt, und versuchte alles, um den Dobermann und die blonde Frau ausfindig zu machen, dabei unterstützt von wiederholten Presseberichten, dem Versprechen auf eine Belohnung, einer eigenen Initiative der Eltern und freien Mitarbeitern aus ganz Berlin, die ein Mensch-Tier-Gespann kannten, auf das die Beschreibung passte. Tierärzte wurden um Mitarbeit gebeten, Akten durchforscht und Hausbesuche bei Dobermännern gemacht.

Unter diesen Umständen wundert sich die Polizei schon selbst über ihren Misserfolg, um es noch diplomatisch zu formulieren. Man gibt auch zu bedenken, dass der Fall eines Hundes, der ein Kind auf die Straße und in den Tod trieb, bisher noch nie da gewesen sei. Aber wie dem auch sei, die Erzählung ist in ihrer schrecklichen Vollkommenheit zu schön, um nicht einen Platz in der Großstadtfolklore zu finden. Im Kern handelt sie von dem unschuldigen Kind, dem es anders als in so vielen Märchen und Sagen nicht gelingt, die Bestie zu zähmen; denn sie gehört zu einem inhuman infizierten Wesen, das die irreführende Gestalt einer jungen blonden Frau angenommen hat. Und dass man die beiden nicht hat finden können, macht die unheimliche Gefahr, die von solchen Duos ausgeht, nur umso größer und allgegenwärtiger.

Auch vom kleinsten bisschen Tiefenhermeneutik wollen vernünftige Hundekritiker nichts wissen. Sie sind bereit, das Tier, das schließlich nicht aus seiner Haut kann, von aller Schuld freizusprechen, und kaprizieren sich ganz auf den

Hundehalter, dessen Verantwortungslosigkeit doch mit ein paar Gesetzen und Strafdrohungen beizukommen sein müsste. Wo war die Leine zwischen Dobermann und blonder Frau, fragen die Zahmeren. Täte es in der Großstadt nicht auch ein Dackel, fragen die nächsten; dann wird der Hundeführerschein vorgeschlagen, und so geht es weiter mit den kleinteiligen Versuchen, der menschlichen Unvernunft beizukommen, die auf den Hund gekommen ist.

«Nirgendwo kann man die Straße entlanggehen, ohne sich bedroht zu fühlen», schreibt in einer taz-Kolumne Alexa Hennig von Lange, als Schriftstellerin und Verfasserin von bisher zwei Romanen an der Verjüngungskur der deutschen Literatur beteiligt. Vor wenigen Jahren hätte man diese Eröffnung spontan auf die Männergewalt im öffentlichen Raum bezogen, deren Präsenz Frauen das Überleben in der Großstadt furchtbar erschwert. Die U-Bahn, die Bibliothek, die Straße, zahllos die Orte des Grauens und der sexuellen Belästigung. Heute sind es nicht Männer (Blicke, Pfiffe, Tatschereien und andere Anmachen), sondern Hunde, aber recht besehen, hat sich nicht so viel geändert.

Es geht um Sex. In Langes kolumnistisch kondensierten Erlebnissen beim Weg in den Supermarkt und zurück trifft sie auf unangeleinte Hunde. Einen Husky, einen Pitbull und einen Schäferhund, die sie als Bestien, verschissene Köter, vierbeinige Waffe, Mörderhund und Beißgerät apostrophiert. Das scheint uns zum Thema Gewalt zurückzubringen, zumal die junge Frau sich nur durch kopflose Flucht in Sicherheit bringen kann. Stutzig macht den Leser die Reaktion der Hundehalter, die mal gleichgültig, mal verpennt, mal humpelnd hinter dem Tier herziehen und dreckig lachen. Da wittere ich mehr als Schadenfreude, denn bei Freud hat man gelernt, dass Dreck sexy ist. «Überall wimmelt es von unangeleinten Hunden, die einem im günstigsten Fall nur zwischen den Beinen rumschnüffeln.» Und kommt es schlimmer, dann «springt dieser miese Köter an meinem Rücken hoch», schreibt Frau Hennig. Der nächste Hund schnüffelt wieder, der dritte stürzt sich endlich so begeistert auf die Kolumnistin, dass sie auf ein Autodach flüchten muss. «Ihr fiesen Monster, lasst mich endlich in Ruhe!», ruft sie von dort oben, und der verschmähte Hund beschnüffelt wenigstens ihre unten zurückgelassenen Einkaufstüten. Nun schnüffeln Hunde, wenn überhaupt und bestimmt nicht auf der Straße, Fremden nicht zwischen den Beinen, allenfalls an Rocksäumen oder Hosenumschlägen. Wenn das Kupfer tut, während ich die Auslagen meines Gemüsehändlers studiere oder sonst länger herumstehe, löst sich das Rätsel regelhaft durch die Auskunft des Hosen- oder Rockinhabers, der sich richtig erkannt fühlt: «Der riecht meine Susi (oder wie der betreffende Hund auch heißt).» Oft höre ich auch: «Wir hatten früher auch Hunde – die wissen eben, wer es gut mit ihnen meint!»

Zwar glaube ich nicht, dass Hunde Antipathie oder Sympathie bei Menschen, die ihnen begegnen, so einfach spüren oder riechen können. Hunde sind neugierig, abwechslungsbedürftig und menschensüchtig, wenn man sie machen lässt. Aber warum soll ich Leuten, die sich lebensfreundlichen Illusionen über ihre spezielle Attraktivität hingeben, mit Belehrungen widersprechen? Nein, wer die Zuwendung meines Hundes auf irgendeine Weise zu goutieren vermag, der soll nicht enttäuscht werden. Andererseits warte ich bis heute, nach 28 Jahren als Hundehalterin, noch auf die Begegnung mit dem offenen Hundefeind, der mir frei erklärt, dass er die Viecher nicht ausstehen kann und sich auch nicht

mehr darüber wundert, dass er von der Spezies sauber zu-
rückgehasst wird. Vielleicht sollte ich doch den Herrn ernster nehmen, der in meinem Lieblingsrestaurant neulich
mich und meinen Hund, einen dort wohl bekannten und ge-
littenen Cockerspaniel, mit den Worten zurechtwies: «Ihr
Hund ist mir lästig.» Woraufhin ich die Leine, an der der
Hund ohnedies hing, noch etwas kürzer zog. Ich will nicht
leugnen, dass dieses Tier, wenn's ums Fressen geht, sein
Glück auch am Nebentisch versucht – meist zum Wohlgefallen der Nachbarn. Hier war es anders. Für mich war die Welt
bei «Lotti und Dieter» aber wieder in Ordnung, als nicht der
Beschwerdeführer, sondern seine noch schlechter gelaunte
Gattin das ganze Essen zurückgehen ließ: «Es könnte wirk-
lich heißer sein!»

In den Romanen von Frau Hennig von Lange geht es in
«bester Bukowskischer Manier viel und unverblümt um
Sex, ein schneller Muntermacher gegen die tödliche Lange-
weile, notfalls mit Hilfe von Harald, dem Vibrator», wirbt
der Verlagsvertrieb «2001». Da erscheint es umso verwun-
derlicher, dass eine junge, radikale Schriftstellerin in den
Fußstapfen von Bukowski sich wie eine Hysterikerin gebärdet, wenn ihr Hunde begegnen. Sollten unangeleinte
Hunde, die sie verfolgen, beschnüffeln und gar a tergo be-
springen, den wilden, schmutzigen und auch gefährlichen
Sex heute besser symbolisieren können als alle die tabulosen
Bilder und Texte, die von Hennig in Umlauf gebracht werden? Der Hund, das einzige sichtbare Säugetier in der Stadt,
wird sexualisiert und an seinem Bild werden jene Zustände
von Ekel, Scham und Angst fixiert, von denen Hennigs
Protagonisten vorgeblich nichts mehr zu wissen brauchen,
wenn sie in allen erdenklichen Konstellationen handgemein
werden.

Aus meinen Darlegungen zu Dobermann mit blonder Frau und zum tabulosen Sex in der Jugendliteratur geht hoffentlich hervor, dass ich mir völlig darüber im Klaren bin, wie unmöglich es ist und bleiben wird, dem Verlangen der hundekritisch bis hundefeindlich gestimmten Öffentlichkeit nach dem angeleinten Hund in der Pose des Aufklärers zu begegnen. Versuchen soll man es immer wieder, weil ich aber selbst mit Hundefreunden und Hundehaltern diesbezüglich immer wieder in Clinch gerate, bleiben meine Hoffnungen auf den Fortschritt bescheiden. Mit den Triebkräften des Lebens (Sex und Gewalt, siehe Freud) ist eben nicht zu spaßen, und dass sie so gut wie nie pur, sondern gemischt und vor allem im Alltag als Phantasie in Erscheinung treten und Wirkung tun, ist ja wirklich kein Trost.

Wie oft habe ich mir den Mund fusselig geredet, um einer Dame, einem Kind oder sonst wem, der seinen Hund an der Leine führt, zu erläutern, dass Susi, Rex oder wie auch immer das Tier heißt, nicht gefährlich ist, bloß weil es brummt und knurrt. «Das Blutbad geht auf meine Kosten», suche ich den besorgten Hundeführer zu ermutigen, die Leine wenigstens nicht noch anzuziehen, wenn mein selbstverständlich unangeleinter Hund sich dem anderen, meist ja flüchtig und kurz, zu nähern gedenkt. Natürlich ist mein Hunde- und Weltvertrauen auch schon erschüttert worden, das will ich nicht verschweigen. Die Beobachtung lehrt, dass riesengroße Hunde wie Bernhardiner, Doggen, Irische Wolfshunde, Neufundländer, und sogar ein Mastino Napolitano aus der Nachbarschaft wäre anzuführen, anderen Hunden mit einer Gelassenheit begegnen, die im scharfen Kontrast zu ihrer Macht und Größe stehen, oft auch im Kontrast zu den Ideen, die ihr Besitzer von der Potenz des Hundes pflegt. Der Mastino aus meinem Kiez beispielsweise wurde wegen seiner unterstellten Gefährlichkeit fast nur an der Leine ausgeführt und nach Möglichkeit von allen anderen Hunden fern gehalten. Das arme Tier! Ausgeschlossen von der Hundewelt, die für jeden Hund vor der Menschenwelt rangiert, begann er immer vernehmlich zu seufzen und zu wimmern, wenn er eines Hundes ansichtig wurde, den er wieder einmal nicht beschnuppern durfte. Wie der Glöckner von Notre Dame war er wegen seiner Horrorgestalt ausgeschlossen aus der Berliner Hundewelt. Weil ihm jede Ahnung von ihrem Komment, von ihren Freuden und Problemen fremd geblieben war, führte er ein Leben in trostloser Trauer. Zwei- oder dreimal geschah es, dass mein Cockerspaniel sich ihm nähern konnte, und mich hat es wirklich erschüttert, wie dieser Riese sich ängstlich vom Bürgersteig auf die Straße und zwischen die parkenden Autos verkroch, erschreckt von der selbstbewussten Attitüde meines Hundes, der darauf aus war, auch mit diesem Rüden in seinem Revier eine diplomatische Umgangsregelung auszuhandeln.

Ganz anders der Bernhardiner in Bamberg, der sich ratzfatz an einer Straßenecke ohne jegliche Präliminarien auf meinen überraschten Hund stürzte. Der andere war zwar an der Leine, meiner nicht – aber in solchen Situationen hilft ohnehin nur Gottvertrauen, weil das Leinenreißen, wie auch das menschliche Handanlegen, Sekundärfolgen zeitigt, die man besser vermeidet. In all den Jahren, die ich mit Hund unterwegs bin, hat meiner einmal einen Boxer sehr leicht verletzt, wahrscheinlich, weil ich ungeschickt eingegriffen habe. Und meiner wurde einmal unter denkbar unglücklichen Umständen schwerer von einem so genannten Kampfhund verwundet, dem ich aber auch nicht böse sein kann – im Unterschied zu meinem Hund, der das anders sieht. In diesem Fall hatte ein Bauarbeiter, mit der Pflasterung des Bürgersteigs bei mir um die Ecke betraut, seinen «Kampfhund» mitgebracht und angeleint in seinem Auto bei geöffneter Tür platziert. Es war ein furchtbar heißer Sommertag, furchtbar heiß nicht für mich, sondern für meinen Cockerspaniel, dem so genanntes schlechtes Wetter, nämlich Kühle, Kälte und Regen viel genehmer ist. Er trottete über das halb fertige Pflaster und allzu dicht an dem nebenbei geparkten Auto vorbei. Heraus stürzte der Kampfhund an der Leine, und meiner, in seinem Revier überrascht, aber gut orientiert, wich leider nicht aus. Es floss Blut. Ich begab mich zum Tierarzt. Als Spätfolge erübrigte ein Abszess, der nicht heilen wollte und schließlich, zwei Jahre später, mit einer Operation, Narkose inklusive, entfernt werden musste. Wenn ich die Geschichte heute erinnere, denke ich, dass die Hunde sich gut gehalten haben, besser als der junge Bauarbeiter und ich.

Die rangelnden Hunde vor Augen, drehte ich nach wenigen Sekunden durch, was sonst nicht meine Art ist. Mir war schließlich bekannt, dass mein Hund Zeitung liest und aus den Meldungen über Kampfhunde dort das Recht und sogar die Pflicht ableitet, es dieser Bande zu zeigen, wo er sie auch trifft. Obwohl seine Möglichkeiten als Stöber- und Apportierhund, von Größe und Gewicht im Vergleich zu einem American Staffordshire einmal abgesehen, für Hundekämpfe beschränkt sind, fürchtete ich, dass er nicht rechtzeitig aufgeben würde. Es schien mir eine Ewigkeit zu dauern, bis der junge Mann sich ganz langsam entschloss, seiner Pflicht zur gemeinsamen Schlichtung nachzukommen. Er schien die offensichtliche Überlegenheit seines Tieres zu genießen und fühlte sich außerdem im Recht. Sein Hund war schließlich angeleint und meiner nicht, meiner hatte angefangen und sich eine Zurechtweisung mehr als verdient. Ich fing an herumzuschreien, um Worte bin ich selten verlegen, obwohl sie mir jetzt komplett entfallen sind. Als wir die Hunde auseinander hatten, besann sich auch der Bauarbeiter auf die Sprache und teilte mir deftig aus. Irgendwie lief es darauf hinaus, dass er es bis oben satt habe, wie sein Kumpeltier, das er sogar mit zur Arbeit bringt, als so genannter Kampfhund alleweil diskriminiert wird, während alle die ungezogenen kleinen Kläffer ungeschoren davonkommen.

Wir blieben für Tage im Clinch, so lange, bis der Bürgersteig repariert und der Bauarbeiter verschwunden war. Ich tat alles, um ihn über richtige Hundehaltung und das Wesen unserer unterschiedlichen Tiere aufzuklären. Er hatte sich in der Nachbarschaft umgehört und wollte erfahren haben, dass mein Hund ganz übel beleumundet und überall als Rabauke bekannt sei. Ich verwies auf die Fleischwunde, die Zerrungen und Blutergüsse, die mein Tierarzt diagnostiziert hatte – er klagte Mitleid mit seinem Vieh ein, das unterhalb des Auges einen Hautriss davongetragen hatte. «Da (nämlich beim so genannten Kampfhund) fragt niemand nach, mit uns kann man's ja machen – aber nicht mit mir! Ihr Hund hat es mehr als verdient, nach allem, was ich hier über ihn gehört habe, mal gedükert zu werden, damit er weiß, was er darf und mit wem.» Vielleicht war er auch gekränkt und beleidigt, dass ein Cockerspaniel, der so niedlich ausschaut, dass Laien ihn spontan immer als Mädchen apostrophieren, es gewagt hatte, seine geliebte Bestie zu attackieren. Vielleicht gehört auch die Information noch hierher, dass der Bauarbeiter ein deutscher Farbiger aus dem Osten war – von Mischlingen darf man bei Menschen ja nicht sprechen. Die Geschichte belegt überdies, dass Klassenkämpfe nicht aus der Mode kommen. Hier der Arbeiter, der auf den Knien den Bürgersteig pflastert, dort die darauf wandelnde Dame, die, aller aufgewühlten Affekte ungeachtet, reden kann wie ein Buch.

Ob angeleint oder nicht, ist die Gewalt, die von Hunden ausgeht, also nicht nur ein Thema der Hundefeinde und Hundekritiker, sondern auch der Hundehalter. Unser täglich Brot auf den weiten Spaziergängen durch die Stadt, ihre Straßen und Parks ist aber nicht die wirkliche Gewalt, sondern die phantasierte, mit der die Halter von Dackeln, Pudeln, ja Mini-Yorkshireterriern ihre Tiere ausstatten. Wenn Leute angesichts anderer Hunde ihren eigenen an die Leine nehmen, die Straßenseite wechseln oder sich im besten Fall vorab zu verständigen suchen, weiß man oft nicht, ob der Hund ein Rad ab hat oder der Halter. Häufig werden Kindheitstraumata als Begründung angeführt, warum ein Hund separiert wird. Ich übertreibe kaum: Eine Frau erläuterte mir die leinengestützte Ängstlichkeit wegen ihres Schäferhundes mit folgender Information: «Meiner kann Cocker nicht leiden. Als er klein war, ist er mal von einem Cocker gebissen worden!»

Andere fürchten geradezu, dass ihr Hund gefährlich ist, weil er so oft brummt und knurrt, wenn sie ihn an der strammen Leine ausführen. Manche haben wenigstens verstanden, dass Hündinnen nur auf Hündinnen und Rüden nur auf Rüden schlecht zu sprechen sind – das reduziert die Feinde immerhin um die Hälfte und erlaubt den Hunden mehr Freispiel. In den meisten Konfliktfällen, die ich mit meinem unangeleinten Hund erlebe, kann ich nicht entscheiden, ob die Leute Angst davor haben, dass ihr Hund Böses tut, oder ob sie mehr fürchten, dass ihm Böses angetan wird. Diese Unentschlossenheit macht die Hundeleine so beliebt, lange ehe die Hundefeinde und Hundekritiker sie obligatorisch machen werden. Ich denke, dass jeder, der in der Stadt seinen Hund grundsätzlich – Ausnahmen möglich – an der Leine führt, sich um die Hälfte des Glücks bringt, das im Flanieren mit dem Hund angelegt ist.

Gut, es gibt Unterschiede zwischen schlauen, intelligenten, lernfähigen und etwas dusseligen Tieren. In meinem Kiez kannte ich einen Hund, der als Findling aus Spanien importiert worden war und der es überlebt hat, eine sechsspurige Straße allein zu überqueren, und das fast täglich. Von Leine oder Herrschaft keine Spur – als ich ihn kennen lernte, fing ich ihn ein und transportierte ihn zu seinen Leuten, die ich mit Vorwürfen naturgemäß überhäufte. «Wie können Sie es verantworten, diesen Hund (Paul war sein Name, wurde ich belehrt) allein herumstreifen zu lassen? Sie gefährden das Leben des Hundes aufs Höchste. Und wenn Ihnen das gleichgültig ist: Autofahrer, Fahrradfahrer, Fußgänger – alle könnten bei Ausweich- und Bremsmanövern zu Schaden kommen. So geht das nicht weiter!» Letztere Bemerkung im Hinblick auf meine Nerven; denn wenn ich wieder einmal Paul an der Kreuzung unserer Hauptverkehrsader antraf, fragte ich mich immer, ob ich nun Augenzeuge werden müsste. Ich sah alles schon vor mir und litt im Voraus. Der Hund würde gleich durch die Luft fliegen, auf den Asphalt knallen und von den nachfolgenden Autos, wäre er nicht sowieso schon tot, endgültig zerquetscht werden. Oder der Hund würde angefahren und könnte sich noch schwerstverletzt an den Straßenrand schleppen, wo er dann jaulend und wimmernd verbluten müsste und ich ihm auch nicht mehr helfen könnte. Weil Paul aber wirklich so streetwise war, wie ich es bei einem Hund nicht für möglich gehalten hatte, ehe ich ihn kennen lernte, blieben meine Angstvisionen eben Visionen. Als Hundegreis gab Paul schließlich seine Kiezwanderungen auf. Ich sah ihn noch einmal, müde und dürr, im Ladengeschäft seiner Herrschaft liegen. Bald darauf ist er gestorben. Heute ist mir die Erinnerung fast peinlich, dass ich dieses Hundegenie so lange so gründlich verkannt habe.

Irgendwann gab ich natürlich die herzensgut gemeinten Hunde- und Menschenverbesserungsbemühungen auf, weil ich mich an den Anblick von Paul gewöhnt hatte, wie er ganz allein durch und vor allem über die Straßen zog. Wenn Paul dagegen meiner ansichtig wurde, wechselte er sofort die Straßenseite, um mir, dieser Irren, die ihn wieder einmal retten wollte, nicht zu nahe zu kommen.

Viele Leute, die Hunde an der Leine ausführen, fürchten nicht den Straßenverkehr, auch nicht die anderen Hunde und Hundebesitzer, mit denen es Ärger geben könnte; denn sie haben längst Strategien entwickelt, mit denen sie allem und jedem aus dem Weg gehen können. Angst haben sie aber trotzdem. Sie befürchten, dass ihr Tier auf der Straße etwas frisst, etwas Unbekömmliches, womöglich sogar Giftiges. Sie wollen verhindern, dass ihr Tier seine Nase in Dinge steckt, die pfui sind. Es gibt Leute, die bereits mit der zweiten oder dritten Hundegeneration leben und durch keine Erfahrung darüber zu belehren sind, dass auch ihre Hunde andere Vorstellungen als sie von dem haben, was appetitlich und interessant ist. Das gar nicht so klammheimliche Vergnügen an verbotenen Dingen, das unsereiner altruistisch an den Hund abgetreten hat, bleibt ihnen fremd. Die Leine am Hund raubt aber nicht nur diesem das bisschen Freiheit, das ihm auf Erden beschieden ist, sondern auch dem Menschen, der das andere Ende in der Hand hält.

Es gibt nur zwei Möglichkeiten, angeleint auszugehen. Entweder der Hund wird mit den Kommandos «Fuß» und «Pfui» permanent zur Schnecke gemacht, was den Besuch einer Hundeführerschule und einen eisernen Charakter zur Bedingung hat; oder der Mensch lässt sich vom Hund zum Kasper machen. Das ist zwangsläufig und rührt ganz einfach daher, dass Hunde selten geradeaus laufen, schon gar nicht in gleichmäßigem Tempo, wie es dem Menschen zu Fuß oder auf dem Rad gefällt. Der Hund trödelt, rennt vor, bricht links oder rechts aus, bleibt eine Weile stehen, und der Mensch passt sich an, solange seine Geduld reicht. Selbstaufopferung ist aber die Sache der wenigsten, und so läuft die öffentlich sichtbare Beziehung vieler verleinter Hunde-Menschen-Duos auf ein Trauerspiel hinaus, das man mit dem freundlichen Ratschlag an den Menschen beenden möchte, sich das nächste Mal ein Steiff-Tier zuzulegen. Das bietet auch den Vorteil, dass man bei Regen, Schnee und Kälte nicht runter muss! Heute zum Beispiel, an einem regnerischen Wintertag, hat sich die sichtbare Hundepopulation auf den Straßen und im Park um die Hälfte dezimiert ...

Wer nun nach einem Ausweg fragt, den möchte ich dazu ermuntern, nicht eine reale Leine zu benutzen, sondern sich eine imaginäre zu basteln. Die losen Teile liegen ja vermutlich schon herum und müssen nur noch miteinander verknüpft werden. Ist der Hund in einem gewissen Lebensalter (eher zwei statt anderthalb Jahre) und über die größten Gefahren des städtischen Lebens aufgeklärt worden (1. Autos, 2. Autos, 3. Radfahrer – im östlichen Teil von Berlin kommen 4. auch noch Straßenbahnen hinzu), und hat er sich seinen Herrschaften nach einer jugendlich promisken Phase innigst angeschlossen, dann ist es Zeit für den Hundehalter, seinerseits zu lernen. Woran er arbeiten muss, ist 1. Vertrauen in seinen Hund zu entwickeln, der doch wohl keinen Grund hat auszureißen (bestimmte Ausnahmen gibt es) oder seiner Herrschaft, wenn auch widerwillig und widerstrebend, nicht mal einen Gefallen zu tun. 2. muss er lernen, Vertrauen in fremde Hunde und fremde Hundehalter für selbstverständlich und nicht für die seltene Ausnahme zu halten und sich auch entsprechend aufzuführen. Die Begegnung zweier Mensch-

Hunde-Paare kann in Sekunden vorbei sein, oder es setzen wundersame, hochfeine chemische Prozesse ein, die entweder zu längerem gemütlichem Verweilen oder im Gegenteil zu beschleunigtem Weiterziehen führen. Auf jeden Fall gilt das Sprichwort: «Wie man in den Wald hineinruft, so schallt es heraus.»

Auch wer keinen Hund hat und sich vor unangeleinten fürchtet und verfolgt fühlt (ich betone das Fürchten und Fühlen), kann durch einen kleinen Lernschritt diese Welt ein klein wenig verbessern. Vertrauen will ich von diesem Personenkreis nicht verlangen, aber für eine gewisse Gleichgültigkeit, ein bisschen mehr Desinteresse an meinem Hund wäre ich schon dankbar. Solange andere Hunde in der Nähe sind, und das ist ja gerade in der Stadt die Regel, kann nämlich jeder Mensch sicher sein, komplett ignoriert zu werden.

3. Tischsitten

Seinerzeit, als ich Nickel nach verschiedenen Telefonaten quer durch die Berliner Cockerspanielwelt erworben habe, erläuterten mir seine Züchter, dass Hunde mit rohem Fleisch ernährt werden müssen. Diesem sei frisches Gemüse hinzuzufügen, das Ganze dann mit heißem Wasser zu begießen. Für den Welpen und den unerwachsenen Junghund wurde mir noch ein besonderer Plan mitgegeben, der zur Verwendung einer speziellen Hundemilch und der Verabreichung mehrerer Mahlzeiten pro Tag riet. Erst im Alter von zwölf Monaten sollte der Hund zünftig auf eine Mahlzeit pro Tag eingestellt werden. Durch die Hundewelt im Allgemeinen geisterte damals auch noch die Idee, dass ein Fastentag pro Woche eine Wohltat sei, die man seinem Tier nicht vorenthalten sollte.

Nicht jedes Fleisch taugt dem Hund, das lernte ich ebenfalls. Die Devise lautete, Rind, Rind und nur Rind. Vom Rind
aber auch keine Nieren, keine Lunge, keine Milz, Vorsicht
mit Leber. Nicht nur Nickels Züchter, auch alle anderen
empfahlen vor allem Blättermagen, der mineralisch und
vitaminmäßig durch nichts zu übertreffen sei. Preiswert,
und damals noch im Supermarkt zu kaufen, war Fleck – gekochter Kuhmagen, wenn ich recht informiert bin, der, auf
Königsberger Art sauer zubereitet, auch Menschen munden
soll. Um es kurz zu machen: Nickel schätzte Rindfleisch,
Rinderherz und Rinderleber. Fleck fraß er ungefähr mit so
viel Begeisterung wie ich in meiner Nachkriegskindheit
Grießbrei, Weizenbrei, Milchreis. Dem belehrten und verantwortlichen Hundehalter, der seinem Tier einmal pro Tag
eine warme Mahlzeit vorsetzt, ist der Anblick eines endlich
gewonnenen Cockerspaniels aber ein Gräuel, wenn dieser
sich nämlich freudig seinem Napf nähert und dann fast
angewidert stehen bleibt. Oder zumindest seine große Enttäuschung nicht verhehlen kann. Das sieht dann so aus:
Nickel damals oder Kupfer heute saust in die Küche und
macht zwanzig Zentimeter vor dem Napf eine Notbrems-
sung. Kupfer, die zweite Cockergeneration und von Geburt
an handveredelt, bringt es sogar fertig, beizudrehen, sich
hinzusetzen, mich fragend anzuschauen oder den Raum zu
verlassen und erst später wiederzukehren. Dann frisst er
nach der empfohlenen, aber Hunde verachtenden Devise:
«Der Hunger treibt's rein» – tut mir aber keinesfalls den Gefallen, seinen Napf sauber auszuschlecken, wie es Hunde tun
sollen.

Weil mir von Fachleuten in Ton und Text Blättermagen
immer wieder so sehr ans Herz gelegt wurde, machte auch
ich damit viele Versuche. Nickel nahm zögernd ein paar

Happen, dann hörte er auf zu fressen; denn er kam, wie damals noch üblich, aus einer Zwingerzucht und war nicht verwöhnt. Kupfer dagegen hatte sechzehn Jahre später neben der Muttermilch früh Bekanntschaft mit durchgedrehtem Gulasch aus dem Sonderangebot des Supermarkts gemacht, und deshalb durfte man ihm mit Blättermagen gar nicht kommen. Da hungerte er lieber und zog sich depressiv in seine Schmoll- bzw. Schlafecke zurück. Eine ganze Weile habe ich gebraucht, um zu erkennen, dass auch preiswerteres Büchsenfutter, mit dem Nickel wenig zu tun hatte, weil zu seinen Zeiten noch teuer und ungewohnt, Kupfer nicht schmeckte. Er nahm es, aber genauso lustlos wie seinerzeit Nickel den Fleck mit Möhren und Flocken. Was teuer ist, schmeckt ihm jedenfalls besser, und man bezahlt bei teurem Hundefutter also nicht bloß die Reklame, wie oft behauptet wird.

Obwohl: Vor Jahren, Kupfer war gerade mal halbwüchsig, geriet ich in Hamburg in die Fänge einer Hundefutterprüfstelle der Tiermittelindustrie. Gegen das Versprechen, einige Dosen Hundefutter geschenkt zu bekommen, tauschte ich fünfzehn Minuten in einem Haus am Gänsemarkt. Eine Reihe von Schüsseln stand auf dem Tisch, unter dem Kupfer sich niederließ. Büchsenfutter eben, Formfleisch, Soßen, Möhrenpartikel, Erbsen, und alles in verschiedenen Farben und Formen. Die Soße dunkel und hell, das Fleisch in rechteckigen Brocken oder flusigen Fetzen. Nun wollte man von mir wissen, was mir gesünder, was mir nach Form, Farbe und Konsistenz nahrhafter und appetitlicher erschien. Halb im Ernst, halb ironisch versuchte ich der jungen Frau zu erklären, dass es doch wohl auf meine ästhetischen Meinungen nicht ankäme. Sollten wir nicht lieber den Hund unterm Tisch fragen? Oder uns auf einen Lebensmittelprüfer verlassen, der uns haarklein sagt, was in der Büchse ist und woher es kommt?

Wie dem auch sei: Gegen wirklich teures Dosenfutter hat Kupfer, der Preisschilder ja schon deshalb nicht lesen kann, weil er den Supermarkt nicht betreten darf, nichts einzuwenden. Der Inhalt dieser Büchsen besteht nicht aus Formfleisch und farbigen Soßen, sondern aus einem festen Mischmasch, den ich mit der Gabel zerkleinere, mit Möhren mische und mit heißem Wasser übergieße.

Viel lieber ist es Kupfer aber, wenn ich für ihn koche. Kupfers Züchter haben den Hundespeiseplan um Hühnermägen, Hühnerherzen und manches andere erweitert – im Unterschied zu Nickels Zieheltern bestanden sie außerdem aber auf gekochtem, zumindest «gewelltem» Fleisch. Einesteils leuchtet mir das ein: Rohes Fleisch ist anstrengender als gekochtes, und warum soll das für Hunde nicht genauso gelten wie für Menschen? Der Mensch entwickelt sich weiter und mit ihm, nach den Gesetzen der Koevolution, der Hund, der an ihn gebunden ist. Andererseits habe ich eine fast vorletzte Erinnerung an Nickel, der mit Rohfleisch genährt worden ist, die mich noch heute rührt. Wenige Tage vor seinem Tod – der Hund hatte längst zu fressen aufgehört und wurde mit täglichen Transfusionen und Hoffnung ernährt – nahm der Hund plötzlich und unvermutet von mir einige Happen rohes Rinderfilet entgegen. Dr. Cousin, Nickels Haustierarzt, hatte zwar nachdrücklich angeraten, den gestörten Organismus mit Pellkartoffeln und Magerquark zu regulieren, und das hatte ich natürlich auch angeboten, aber Nickel wollte nicht. Er verabschiedete sich lieber mit Rinderfilet.

Bei der Verweigerung von Futter, schon gar von bedeutsamem und gesundem, rieten und raten strenge Hundekenner und -bücher zum Durchhalten. Den Fressnapf solle man, so oder so gefüllt, etwa fünfzehn Minuten stehen lassen und dem Hund damit eine Chance geben, sich auch angesichts von Blättermagen etc. noch zu besinnen. Eine lange Zeit; denn normalerweise brauchte Nickel, braucht Kupfer heute etwa drei Minuten, um seinen Napf mit der Hauptmahlzeit zu leeren. Hunde schlingen und kauen nicht, das ist die Erklärung für das Tempo der Nahrungsaufnahme. Die andere: Es schmeckt ihnen. Klar, wenn es ihnen nicht schmeckt, aber nach Menschen Meinung gut tut, Alternativen nicht in Sicht sind, fressen Hunde auch Blättermagen oder Tofu. Stray dogs all over the world nehmen alles auf, was ein Säugetier auswerten kann, und machen Versuche mit Substanzen, die ich aus hygienischen Gründen hier lieber gar nicht erwähne. Aber Kupfer ist kein stray dog und ich finde es auch keine gute Idee, ihm innerlich mit deren Hungerleiderexistenz zu drohen, wenn ihm ein Eigelb nicht mehr frisch genug ist und er ein Stück Brokkoli mit spitzen Zähnen aus dem Futter zieht und als unbeachtlich neben den Napf legt.

Trotzdem sind Hunde keine Feinschmecker, obwohl sie individuelle Vorlieben haben wie Menschen auch, und sie sind, nach Beachtung weniger Regeln, im Grunde leicht zufrieden zu stellen und dabei auch noch bekömmlich zu ernähren. Deshalb ist die periodisch wiederkehrende Nachricht von einem Hunderestaurant, in dem verwöhnten Vierbeinern feinste Menüs serviert werden, eher ein Beitrag zur Kritik des Luxus und der Moden denn zur Stadthundekunde: Seht her, zu welchen Verirrungen es die so genannte Tierliebe bringt! Zur selben Kategorie gehören die Nachrichten über die neueste Hundemode, die ebenso unfehlbar zur Sauregurkenzeit verbreitet werden. Dauerbrenner: das Halsband aus Diamanten …

Hunde sind allerdings verfressen, weil ihnen genauso wie ihren Menschen das Gen zur Appetitregulierung fehlt, außerdem aber auch, weil Liebe zu Hunden womöglich noch ausschließlicher durch den Magen geht als in der Menschen- und Familienwelt ohnehin schon vorgesehen. Wer mit einem Hund unterwegs ist, wird zweifellos am häufigsten die Frage hören: «Beißt er?» Platz 2 nimmt die Frage ein: «Darf man ihn anfassen?» Und auf Platz 3 dann die Bitte: «Darf ich ihm das geben?» Den Vogel schoss einmal ein angetrunkener Gast ab, der Kupfer eine komplette Bulette unter den Tisch legte, ohne allerdings extra zu fragen. Andere begnügen sich mit trockenem Brot in Soße getaucht, und Kupfer nimmt auf freier Wildbahn oft leidenschaftlich Dinge an, die ihn daheim nur sehr mäßig interessieren. Dem Hund liegt eben auch an der Kommunikation als solcher. Wer ihn ruhig und freundlich anspricht, ihm etwas zu fressen gibt oder es sogar versteht, ihn gründlich hinter den Ohren durchzukraulen, der hat immer gewonnen und ist seiner geradezu drängenden Zuneigung sicher. Kupfer legt dann auch wildfremden Personen den Kopf auf die Knie und sucht, im Sitzen trappelnd, Augenkontakt, den er durch ein täuschendes Vorschieben des Kopfes noch dringlicher und intensiver gestaltet. Generell ist der Hundeblick berühmt und berüchtigt, und gar nicht so wenige Leute haben mir das Geständnis gemacht, dass sie diesem Blick nicht gewachsen seien und deshalb auf einen Hund verzichten müssten. Wie, so der Tenor, ist denn mit einem Wesen, das so gucken kann, ein ziviles Zusammenleben möglich, bei dem der Mensch nicht völlig vom Tier untergebuttert wird?

Aus dem Gesagten geht hervor, dass Kupfer genauso wie seinerzeit Nickel an meinem wie an fremden Tischen «betteln» darf, wie das kommunikative Verhalten des Hundes abschätzig genannt wird. Alle verdammen es und setzen ihren pädagogischen Ehrgeiz darein, so etwas gleich gar nicht aufkommen zu lassen. Einesteils geht es ums Prinzip, anderenteils, so wird jedenfalls behauptet, würden Hunde vor allem von den so genannten Häppchen dick, die sie bei Tisch erbetteln. Was das Prinzip betrifft, so erinnert es mich an die Regel, dass Kinder bei Tisch zu schweigen und ohnehin nur zu reden hätten, wenn sie dazu aufgefordert werden. Man könnte den Hund auch aussperren, wenn man speist, schon gar, wenn man noch Gäste hat, dann fiele das scheußliche Betteln ebenso weg wie das Belästigen der Gäste. Aber was für ein Krampf wäre da die Folge, wie verwirrt wäre der Hund, der sonst nie ausgeschlossen wird! Eine unnatürliche Situation entstünde, genauso unnatürlich wie jene Erwartung, dass man einem gescheiten Hund durch konsequente Erziehung alles das beibringen könne, was man schon bei Kindern vergeblich probiert hat. Und sollte es doch einmal klappen, ist der hohe Preis nicht wert, gezahlt zu werden ...

Kupfer bettelt bei Tisch und erhält Stichproben der Dinge, die seine Leute verzehren. Wenn Rutschkys essen, hat er schon gespeist und ist gewiss nicht so hungrig und traurig, wie er Fremden gern imponiert, wenn er bei ihnen vorspricht und sogar Männchen macht. Er liebt aufgebackenes türkisches Fladenbrot, was Herr Rutschky auf eine Prägung des Junghundes à la Lorenz zurückführen möchte. Damals begleitete er uns oft zum «Griechen» und wurde mit diesem Brot bedacht. Gern lässt er sich auch in den hoch gereckten Schlund ein paar einzelne Strippen Spaghetti versenken, ordentlich in Soße gewälzt. Eine Scheibe Bratkartoffel weiß er zu würdigen und vor allem natürlich Fleisch, Fleisch und wieder Fleisch in all den Variationen, die ich zubereite. Ich halte am Prinzip der Stich- und Kostprobe fest, der Hund macht aber oft Männchen und Platz, ohne kommandiert zu werden, weil er von den leckeren Häppchen mehr und mehr will. Dann reicht aber auch eine scharfe Erklärung, um ihn unter den Tisch zu schicken, wo er seinen Mittagsschlaf beginnt. Immer wieder hübsch ist das Wuff! zu hören, mit dem Kupfer die besonders leckeren Happen quittiert. Inzwischen weiß ich, wann ich mit dem Wuff! rechnen kann. Nur bei Fleisch.

Kupfer ist rank und schlank; eine Abmagerungskur wie bei Nickel habe ich mit ihm nie veranstaltet. Auch Nickel war nie im Leben dick, aber meine Leidenschaft für diesen ersten Hund meines Lebens duldete keine noch so geringe Abweichung vom Idealzustand. Zeigte die Waage ein Kilo zu viel, oder schien der prüfende Griff nach den hinteren Hüftknochen, den man mir empfohlen hatte, diese nicht gleich zu treffen, kriegte das arme Tier sein vorläufiges karges Mahl auch noch mit Sauerkraut gestreckt, bis es mir wieder vorschriftlich in Form schien. Niemals habe ich mich aber entschließen können, dem Hund den gesunden Fastentag zu verordnen. Theorie und Praxis der Hundeernährung haben sich zwar seit Nickels Jugendtagen in den siebziger Jahren enorm weiter entwickelt, man denkt und füttert aber mehr, genauso wie bei der Menschennahrung, in Richtung Biokost, Vollwerternährung, Diabetiker-, Senioren- und Allergikerdiät. Selbstverständlich gibt es auch kalorienreduziertes Büchsenfutter für Hunde, die abnehmen sollen! Man kann und soll also seinen Hund nahrungsmäßig betütteln und in alle Richtungen (Gesundheit und Wachstum als solche, außerdem Augen, Fell und Zähne) problematisieren, aber vom Fasten redet niemand mehr.

Das hat zwei Gründe. Sowenig sich die Hundefutterindustrie dazu eignet, dämonisiert zu werden, so wenig kann sie aber auch Interesse an einigen Millionen Hunden haben, die wöchentlich einen Fastentag begehen, anstatt ihr Diätfutter zu sich zu nehmen. Trotzdem ist die allgemeine Verwerfung des Fastens für Hunde tiefer begründet als in kapitalistischer Hirnwäsche, die sich allerdings auch verfeinert und quasi längst die Tonlage der Aufklärung angenommen hat.

Behauptet das Etikett jenes teuren Büchsenfutters, das Kupfer nicht verschmäht oder mit langen Zähnen allzu sichtbar lustlos aufnimmt, man habe es hier «mit» (kleingeschrieben) «Herz, Leber und Pansen» (großgeschrieben) zu tun, im Unterschied zu benachbarten Büchsen, die Geflügel oder Kaninchen versprechen, so ergibt eine genaue Prüfung des Kleingedruckten, dass man mit dem Kauf der Büchse bloß ein verbrieftes Anrecht auf 4 Prozent Herz, 4 Prozent Leber und 4 Prozent Pansen erworben hat ... Insgesamt ist die Dose aus Rohprotein, Rohfett, Rohasche, Rohfaser und 80 Prozent Feuchtigkeit komponiert und mit Zusatzstoffen (Vitaminen und Kupfer) angereichert. Zahlen und Prozentangaben wirken wissenschaftlich und vertrauensbildend; unverständliche Details wie «Kupfer» beweisen, dass nichts verschwiegen wird. Anders als beim ebenfalls teuren Futter für Lottchen, die kiesätige Siamkatze, kann man sogar das Verfallsdatum jeder Büchse leicht lesen ... Herzlichen Dank! Weil aber außer Lebensmittelchemikern niemand die Bedeutung all der Fakten und Zahlen dechiffrieren kann, hat man es hier trotzdem mit Verdummung im Gewand der Aufklärung zu tun. Wenn ich Kupfer Herz, Pansen und Leber füttere, dann nicht im Umfang von zwölf, sondern von hundert Prozent!

Am Rande eine Vermutung darüber, warum viele Hunde zu dick sind. Auf der teuren Büchse steht eine Fütterungsempfehlung, die aberwitzig ist, weil sie sich nach dem Gewicht des Hundes richtet. Das ist ungefähr so missverständlich oder logisch wie die Idee, dass dicke Menschen mehr essen müssen als dünne, um ihr Gewicht zu halten. Natürlich findet sich im weiteren Kleingedruckten dann noch ein Hinweis, wie dieser Richtwert zu verstehen sei: Rasse, Alter und Individualität des Hundes seien zusätzlich zu bedenken. Kurzum, auch dem teuersten Büchsenfutter ist nicht zu trauen, weil keine unabhängige Behörde die Etiketten schreibt und keiner weiß, woher 88 Prozent Restbestandteile eines Büchseninhalts kommen und woraus sie bestehen. Merke: In einer modernen und demokratischen Gesellschaft gibt es zwar keine Lügen- und Arkanpolitik mehr, selbst beim Einkaufen hat die Vernunft es aber schwer, weil eine Masse scheinbar präziser Daten unterm Strich keine Schlussfolgerung erlaubt. Wenn die hierarchische, im Grunde religiöse Unterscheidung von Mensch und Tier, Mensch und Hund noch weiter erodiert, wie ich hoffe, dann werden vielleicht auch unabhängige Fachleute und Ämter der Hundefuttermittelindustrie auf die Pfoten schauen und das Gerücht entkräften, dass auf dem Umweg über die so genannte Tierverwertung auch tote Hunde ins Hundefutter geraten … Und wer weiß, was sonst noch alles, das bei einem zivilisierten Hundehalter geradezu metaphysischen Ekel auslösen müsste, dächte er darüber nach und wäre Büchsenfutter nicht so furchtbar praktisch.

Für diese Nahrungsform spricht auch, dass vor ihrer Erfindung Hunde noch viel schlechter abgefertigt wurden. Eine Dame aus dem weiten Kreis meiner sozial und altersmäßig weit gestreuten Hundebekanntschaften, die seit den dreißiger Jahren Dackel und Terrier hielt, pflegte diese damals mit gekochtem Reis und gekochter Lunge durchzubringen. In Nickels Jugend erklärte mir eine Nachbarin, dass ihr junger Mischling das fresse, was auch bei den Menschen auf den Tisch kommt. Mir war damals nicht ganz klar, ob sie mit dieser Strategie ausdrücken wollte, dass der Familienhund gleichberechtigtes Familienmitglied sei, oder ob sie sich von den Fisimatenten der gehobenen Mittelschicht unterscheiden wollte, die wie ich zum Beispiel nach Art besorgter Mütter und Köchinnen auch gern über die richtige und falsche Hundenahrung parlierten. Mir fehlt zwar der Sinn für die Hunde-haute cuisine, aber es hatte sich mir doch eingeprägt, dass Gesalzenes und Gewürztes Gift für den Hund sind.

Immer wieder stellt sich in der Zivilisation die Frage, ob der Hund dankbar und froh sein sollte, vom Menschen geduldet, gefüttert und nicht misshandelt zu werden, oder ob er als Menschenbegleiter Ansprüche zu stellen hat, die tarifvertraglich festzulegen und gewerkschaftlich zu vertreten wären. Im gegenwärtigen Entwicklungsstadium unserer Zivilisation genügt es wohl schon, nur nett und anständig zu sein, um mit einem moralischen Bonus versehen zu werden. Ich erinnere: Statt ein «Herz für Tiere» hatte man früher ein Herz für Arme, Sieche und Kranke, und von daher wissen wir, dass das Herz sehr unzuverlässig ist und nur als Anreger für Rechtskonstruktionen optimale Wirkungen zeitigt.

Sollte es dazu überhaupt kommen, rechne ich mit einem Zeitraum von zwei oder drei Generationen, so lange, wie es dauert, bis die traditionell vererbten schlechten Erfahrungen mit der Tier- und Hundewelt vergessen worden sind. Die menschliche Großmutter von Nickel und Kupfer und vier Malamutes namens Lobo, Samson, Alinka und Cheyenne weigerte sich immer beharrlich, Hundefutter im Kühlschrank aufzubewahren, wenn Sohn oder Tochter samt Viehzeug dort einmal zu Gast war. Einesteils spielten wohl alte Vergiftungs- und Verschmutzungsängste eine Rolle, die es geraten sein ließen, Hund und Mensch, vor allem aber ihre Lebensmittel, getrennt zu halten. Vergeblich versuchte man zu erklären, dass vom Hundefutter keine Gefahr fürs Menschenfutter ausgeht; denn wer billiges Suppenfleisch oder Rinderherz beim Metzger für seinen Hund erwirbt, tut das auch schon incognito. Nur wer seinen Metzger gut kennt, darf ihn auch mal nach Hundefutter fragen, das dort tabu ist, wo Menschennahrung verkauft wird. In jedem Supermarkt stehen die luftdicht verschlossenen Büchsen mit Hundefutter neben Schuhcreme und Waschpulver, weit entfernt von Babybüchsennahrung und Ananas in Dosen, die als Menschennahrung schön unter sich bleiben.

Bei Kupfers menschlicher Großmutter verlief die Grenze zwischen Hund und Mensch aber irgendwie zwischen Kühlschrank und Balkon. Dort nämlich hatte das Hundefutter seinen Platz. Sie verstand auch nicht, dass Hunde Fleisch, welches sie in Vorfreude auf den Besuch gekauft hatte, keinesfalls dankbar kauen, sondern ruckzuck verschlingen. Auch nach der Erfindung des Staubsaugers und der Waschmaschine sah sie den Hund außerdem als eine Bedrohung der endlich sauberen Menschenwohnung, die ich nicht mehr nachvollziehen, sondern nur noch kurios finden konnte.

Als Tochter eines Flüchtlings, der vom Land und aus dem Dorf aus guten Gründen in die weite Welt, das heißt in die Stadt, gezogen war und es dort zu etwas gebracht hatte, konnte sie mit Tieren, nicht einmal mit Pflanzen, etwas anfangen. Psychoanalytisch gesprochen war sie das Produkt einer historischen Reaktionsbildung: Von Kühen und Pferden über Hunde und Katzen bis hin zu den verhassten Mäusen, Ratten, Läusen und Motten, Fliegen sowie Maden und Würmern war ihr die tierische Natur nur eine schlechte Erinnerung oder eine aktuelle Bedrohung der hygienischen

Standards, jenseits derer die anständige Armut endete und die Unterwelt begann.

Ich habe den Verdacht, dass auch heute ein Gutteil aller Einstellungen Tieren gegenüber nicht durchdacht, sondern ererbt ist. In den einen regt sich das Heimweh nach einem ländlich-sittlichen Leben, in dem es auch viele Tiere gegeben hat. Wegen mangelnder Zukunftsaussichten haben die Vorfahren heutiger Tier- und Naturschützer dieses Leben verlassen müssen. Ihre Enkel und Urenkel idealisieren es nun und stellen es nach wie Papi die Industrialisierung mit Dampfmaschine und Eisenbahn unterm Weihnachtsbaum. Sie opfern Geld und Zeit für Haustiere, die ihre Urgroßeltern kaum beachtet haben, und entdecken die Schönheiten des so genannten Unkrauts sowie der Ratte. Als Haustier hatte diese nur deshalb Erfolg, weil es noch genügend Menschen gab, denen die Ratte als der tierische Gottseibeiuns erscheinen konnte. Ein kleines, schlaues und dreckiges Raubtier, das vor nichts zurückschreckt und auch mit Gift kaum zu bremsen ist ... Die Zeiten, in denen eine Ratte als schockierendes Schmusetier den Punks imponierte, sind aber auch schon vorbei. In meinem Supermarkt war kürzlich eine zugelaufene weiße Ratte genauso plakatiert wie sonst Hunde oder Katzen ... Ein Angestellter hatte sich zur Pflege bereit gefunden und warb auch passende Adoptiveltern für das zutrauliche Tier an.

Die menschliche Großmutter von Kupfer gehört nicht zu den gefühlvollen Tierfans, die dem Landleben der Vorfahren hinterhertrauern. Sie zählt zur ebenso zahlreichen Fraktion der Menschen, die Tiere zwar nicht quälen, aber die Grenze zwischen beiden doch scharf sichern wollen. Irgendwie und irgendwo speichern ihr Un- und Vorbewusstes wohl Reminiszenzen an Hunde mit Würmern und Flöhen, außerdem stets unter Tollwutverdacht. Die routinemäßige Impfung gegen diese bei Tier und Mensch unfehlbar tödliche Krankheit ist schließlich erst wenige Jahrzehnte alt, und die alte Dame geht immerhin auf die neunzig zu. Ohnehin ist die Natur, die heute verehrt wird, nicht mit jener identisch, mit der die Menschheit jahrhunderte- und jahrtausendelang im kritischen Clinch gelegen hat. Man verhungerte, weil einen die Natur mit Dürre oder Wasserfluten im Stich ließ; man starb, weil Ratten die Pest verbreiteten und Füchse die Tollwut hatten. Jedes einzelne Schaf, von einem Bär oder Wolf getötet, bedeutete einmal eine Katastrophe. Aber weil das lange her ist und selbst an Fleisch weniger Mangel denn scharfe Konkurrenz der Produzenten um Kundschaft herrscht, sind Bär und Wolf hierzulande gesetzlich sehr geschützt. Ein Wolf, der auf rätselhafte Weise den Weg aus dem Osten nach dem Westen, durch Elbe und Oder geschafft und sich außerdem mit einer einheimischen Schäferhündin verbandelt hat, verdient nicht nur unsere Bewunderung, sondern kommt auch über seine Nachkommen in den Genuss des Tierschutzes. Als Wolfskinder dürfen diese unerwünschten Welpen nicht einfach irgendwie eliminiert werden, sondern fallen unter die besonderen Bestimmungen des Tier- und vor allem Artenschutzes! Wenn Ratten und Wölfe, beide Inbegriff einer feindlichen Natur- und Tierwelt, hier und da schon durchkommen, dann kann das Paradies nicht mehr weit sein!

Leider stellen sich viele Menschen das Paradies vegetarisch vor, total friedlich. Wie ich da dann Kupfer, aber auch Herrn Rutschky durchfüttern soll, ist mir noch unklar. Beide sind überzeugte Fleischfresser. Absolut glaubhafte Personen haben mir zwar bezeugt, dass ihr Hund mit Leidenschaft Äpfel und Birnen, geschnitzelte Kohlrabi und jederzeit

Möhren verzehrt, was die Hoffnung auf eine zukünftige pflanzliche Ernährung wenigstens nicht ausschließt. Andererseits habe ich beobachtet, dass Nickel, der Gemüse nicht liebte, immerhin noch Ananas aus der Dose zu schätzen wusste. Kupfer hat fünfzehn Jahre später auch dafür nur Verachtung übrig. Wenn ich ihm die geriebene Möhre nicht sehr sorgfältig unters Fleisch rühre, bleibt sie am Ende als Bodensatz übrig. Herr Rutschky sieht das ähnlich. Das ausgeklügelte Rezept für eine Gemüsesuppe italienischer Herkunft, mit Parmesan verfeinert, weiß er mit der Bemerkung zu entwerten, dass eine oder auch besser zwei Hand voll Schinkenwürfel jeder Suppe gut tun würden.

Kupfer frisst gern, was ihm laut Lehrbuch zusteht und bekommt: gekochtes Fleisch vom Rind oder Huhn, mit Beimengungen von Getreideprodukten und frischem Gemüse ordentlich verrührt. Andererseits stürzt er sich leidenschaftlich auf Nahrungsmittel, die völlig wertlos für ihn sind, wie zum Beispiel türkisches Fladenbrot. Was treibt ihn dabei? Sein Bedürfnis nach Kommunikation, die Neugier, die Fresssucht, die aus dem Ruder gelaufen ist? Lebensmittel, die am Straßenrand abgelagert werden, und das sind nicht wenige heutzutage, wo Fastfood vielfach gebraucht wird, interessieren Kupfer so gut wie gar nicht. Es bedarf nur weniger abmahnender Worte, und der Hund lässt ab und geht, obwohl Cockerspaniel ja im Ruf stehen, förmlich als Müllschlucker und Staubsauger zu funktionieren, was die Vernichtung von Essbarem betrifft. Kupfers legerer Gehorsam erinnert mich an meinen leichten Verzicht auf Billigschokolade. Irgendwann im Leben kam eben die Zeit, wo man lieber verzichtete, wenn man nicht die beste kriegen konnte.

Vermutlich geht es Kupfer ebenso. Er ist nicht hungrig und bedürftig, er ist neugierig und abenteuerlustig. Soll er betteln, wie er will, sollen Leute ihn füttern und sich sonst was dabei denken. Im Grunde gibt es nur zwei Optionen: Die einen halten sich etwas darauf zugute, dass sie «ein Herz für Tiere» haben, die andern freuen sich darüber, dass sie als Mensch von einem unschuldigen Tier akzeptiert werden, dann nämlich, wenn der Hund von ihnen ein Scheibchen Wurst, ein Stück Brot oder eine sicher applizierte Streicheleinheit angenommen hat. Hier die Moralisten, da die Melancholiker – Kupfer ist das nach meiner Beobachtung schnurz. Er macht für beide Männchen, wenn ihm danach ist.

4. Vom Kriege

Hunde können beißen. Sie beißen andere Hunde; sie beißen Menschen, ja sogar Kinder und, horribile dictu, in erstaunlich vielen Fällen auch ihre eigene Herrschaft. Im Beißpotential der Hunde erkennen die meisten Metropolenbewohner, darunter auch die Hundehalter, spontan die größte Gefahr, die mit der Tierhaltung in der Stadt einhergeht. Auf den ersten Blick mag es so aussehen, als ob Hunde, die unter keinen Umständen beißen (können), das Ideal des Stadthundes bildeten – ein Ideal, das Hundekritiker einklagen und Hundehalter pflichtschuldigst in die Realität zu überführen versuchen. Könnten Hunde außerdem ihren Stoffwechsel unter Ausschluss der Öffentlichkeit auf Hundeklos oder häuslichen WCs beenden (zu diesem Punkt an anderer Stelle), blieben viele Leserbriefe ungeschrieben, und so manche kommunale Tagesordnung wäre um einen aufwendigen TOP kürzer. Ganz sicher bin ich mir aber auch darüber, dass es viel weniger Stadthunde gäbe, wenn sie als Ideal existieren müssten; denn was ist ein Hund, der nicht beißen (und nicht scheißen) kann? Ein Stofftier. Oder ein Film- und Fernsehhund.

Mein Hund kann nicht nur beißen, mit Zähnen, die dem Tierarzt bei der Inspektion Anerkennung abverlangen, erst recht in Anbetracht seines höheren Mittelalters – er beißt auch. Noch schlimmer: Er beißt mich, und nur mich, oder meinen Kompagnon, die wir ihm herzlich zugetan sind und aufs Menschenmöglichste für sein tägliches Wohlergehen sorgen. Der Konflikt zwischen uns eskalierte über die Jahre und konnte auf der bewährten Schiene von Lob und Tadel nicht länger reguliert werden, sodass ich mich schweren Herzens entschließen musste, einen passenden Maulkorb zu kaufen. Auf einen Maulkorb angewiesen zu sein kränkt mein Verlangen, im Umgang mit meinem Tier eine unwahrscheinliche, aber deshalb auch umso reizvollere Verständigung zwischen zwei Spezies zu verwirklichen. Und zum frustrierten Sehnen addiere man meine Schlappe im Kampf Mensch gegen Tier, die ich als ehrgeizige antiautoritäre Pädagogin hinnehmen musste! Ein wenig getröstet hat es mich, dass Frau Moeller, erst seit wenigen Jahren in Begleitung eines Cockerspaniels unterwegs, ihrem Tucho schon länger einen Maulkorb zudiktiert hatte. Es war Blut geflossen, ihr Blut.

Wie viele Rassehunde, eigentlich alle bis auf jene, die gerade neu in Mode kommen und aus dem fernen Norden oder Süden importiert werden, gelten Cockerspaniels, wenn irgendwelche Probleme auftauchen, als überzüchtet. Als ich 1973, ganz am Anfang meines Lebens mit Hund, mit dem roten Welpen beim Tierarzt auftauchte, behauptete dieser alte und erfahrene Mann, ich hätte eine schlechte Wahl getroffen. Rote Cocker seien überdurchschnittlich oft bissig, nicht mehr wesensfest, und ich als Anfängerin wäre besser beraten gewesen, eine andere Sorte zu nehmen. Kurze Zeit später traf ich dann tatsächlich eine Dame, die ihren jungen Familienhund, einen roten Cockerspaniel, hatte einschläfern lassen (müssen). Es sei immer schlimmer mit ihm geworden, er habe die Kinder angeknurrt, nach ihnen geschnappt und sei schließlich auch ihr Feind geworden, nachdem er sie lange bloß eifersüchtig bewacht hatte. Mit einem Biss in den großen Zeh hatte der Hund sein Schicksal besiegelt. Es war in diesem Fall – nicht der Einzige, von dem ich hörte – nicht nur von Überzüchtung, sondern vage auch noch von Schizophrenie die Rede.

Auf Verständnis für meine damalige Gefühlslage kann ich vermutlich nur bei Müttern mit ihrem ersten Kind rechnen. Da nützt einem das Abitur wenig: Wenn mein kregler Welpe sich mit mir in Rage gespielt hatte und immer wilder wurde und jede Ansprechbarkeit ein Ende hatte, bekam ich Visionen von einem irren Hund, gegen den ich mich letzten Endes nur mit Totschlag oder Mord würde behaupten können. Man sage nicht, ein Welpe, und letzten Endes ein Cockerspaniel von vierzehn Kilo Lebendgewicht, sei doch wohl nicht imstande, einem Erwachsenen die schlimmste Angst einzuflößen, allein die physische Realität spreche doch schon dagegen. Im Tier, so klein, wie es sein mag, kann nämlich ein Dämon stecken, genauso wie in «Rosemary's Baby», und da kann der Mensch nur verlieren und seine Träume vom Hunde- und Kinderglück gleich mitbegraben. Einmal packte ich das teuflische Biest am Schlafittchen und sperrte es im Badezimmer ein, wo Unheil nicht zu befürchten war, und wartete in tiefster Verzweiflung die hoffentlich baldige Heimkehr meines Kompagnons ab. Mental unterstützt von Herrn Rutschky, dem ich mich mitgeteilt hatte, öffnete ich vorsichtig die Tür zum Bad. Ich war darauf gefasst, dass der Wüstling hervorstürzen, weiter rasen oder mich rachsüchtig anfallen würde, jedenfalls und bestimmt, so weit seine Möglichkeiten hinreichten. Natürlich geschah nichts dergleichen. Auf dem blauen Linoleum saß das Hündlein, seine Gliedmaßen eng um sich versammelt, der Klarheit der Form genügend (vgl. Heinrich Wölffin: Kunstgeschichtliche Grundbegriffe, München 1915), Kopf, lange Ohren, Beine, Pfoten und Leib (dieser noch mit dem welpenspezifischen Bäuchlein ausgestattet) präsentierend, dem Auge von allen Seiten schön zu sehen und überdies von einem rührend bestürzten, nur leise trotzigen Ausdruck quasi übergossen.

Natürlich wurde dieser von Überzüchtung und Schizophrenie gefährdete rote Cockerspaniel nicht nach Beratung mit irgendwelchen Experten einem vorzeitigen Tod preisgegeben; es konnte damals auch vermieden werden, ihn einer Hundetrainerin zu überantworten, schon deshalb, weil dieser Beruf damals noch nicht so verbreitet war wie heute, wo das Dienstleistungsgewerbe boomt. Die «Erziehung von Problemhunden ab acht Wochen» offeriert die Visitenkarte, die ich neulich bei meiner Futterhandlung mitgenommen habe. Die weiteren Angebote dieser Dame sehen so aus, dass ich gern darauf wette: In zehn Jahren werden wir einen neuen Ausbildungsgang mit staatlich geregelten Studiengängen und Diplomen haben; denn «Hundeberatung», «Stationäre Ausbildung», «Einzel- und Gruppenarbeit», «Pädagogische Hundeerziehung» und eben die «Erziehung von Problemhunden ab acht Wochen» schreien als sozialpädagogische Spezialität nach Reglementierung im Interesse der

Abnehmer und der Öffentlichkeit. Nun werden Welpen präzise im Alter von acht Wochen vom Hundezüchter abgegeben, und was ihn in diesem Alter schon zum Problemhund machen könnte, von dämonischen Verwicklungen wie den berichteten einmal abgesehen, weiß der Himmel. Und da muss man durch.

Andere Hunde sind als Welpen wenig dämonisch. Teils hat der Mensch mehr Überblick – so ging es mir mit meinem zweiten Hund –, teils ist Hund nicht gleich Hund, selbst wenn man der Rasse treu bleibt und wieder einen Cockerspaniel erwirbt, nachdem der erste gestorben ist. Damit komme ich auf den Beißkorb zurück, den ich meinem zehnjährigen und Frau Moeller ihrem dreijährigen Cockerspaniel verordnen mussten, schweren Herzens, wie gesagt. Mit der Farbe hat es offenbar nichts zu tun: Mir ist es damals nicht gelungen, wie eigentlich gewünscht, einen roten Welpen als Nachfolger meines ersten Hundes zu kaufen; Frau Moeller war von vornherein auf einen rein schwarzen aus, und nun haben wir das Problem. Mein Hund beißt mich. Tucho, den ich schon mehrfach als Gasthund betreut und schätzen gelernt habe, beißt Frau Moeller.

Natürlich nur manchmal, bei ganz bestimmten Gelegenheiten, punktuell gewissermaßen, aber dennoch sehr unangenehm, schmerzlich und eben kränkend. Es geht ums Putzen und Haareschneiden, dessen der Cockerspaniel, welcher dem Rassestandard genügen soll, alle paar Wochen bedarf. Man könnte zwar die Gesetze der Cockerästhetik ignorieren, die einen glatten Kopf und Rücken und eine freie Brust einerseits, üppige seidige Locken am unteren Drittel der langen Schlappohren, dem Bauch und den Gliedmaßen andererseits vorschreiben. Dann sähe mein Hund vom Farbschlag «Black & Tan» zwar bald aus wie ein Flokati on the run – der leidigen Prozedur des Putzens und Haareschneidens wären wir dennoch nur zur Hälfte enthoben; denn neben der Cockerästhetik dient sie auch der Gesundheit und dem Wohlbefinden des Tieres. Es ist nämlich so, dass die von der Zucht favorisierten Haare auch da schnell wachsen, wo sie schaden und stören, zwischen den Ballen der Pfoten und an der Innenseite der Ohren, die aber frisch und luftig gehalten werden müssen.

Merkwürdig ist nun nicht, dass mein Hund sich schon beim Anblick von Bürste und Schere unsichtbar machen will. Jeder kennt Hunde, die sich, wenn nicht gern, dann doch brav in ihr Schicksal fügen, sogar täglich, höre ich von vielen; aber mein Hund gehört nun mal zu den anderen, und so habe ich es auch gewollt. Merkwürdig ist vielmehr, dass er, auf dem hohen Küchentisch platziert, keinerlei Zeichen von Unlust oder Angst zu erkennen gibt, wie er es etwa tut, wenn wir den Tierarzt aufsuchen oder ich ihn mal in der Garderobe eines ihm unbekannten Landesmuseums abgeben muss. Was er auf dem Tisch von vornherein zeigt, ist das Benehmen eines Ritters, dessen Gutmütigkeit im Hinblick auf sein hoch sensibles Ehrgefühl auch gute Freunde besser nicht übermäßig strapazieren sollten. Ins Humane übersetzt lautet der Text ungefähr so: «Wir sind Kumpels, o. k., und ich gestatte dir ein paar Frotzeleien und Rempeleien, die ich anderen schwer verübeln würde.»

Solange der Hund noch so denkt, habe ich zum Beispiel Gelegenheit, ihm seinen kleinen Ziegenbart zu schneiden oder den Brustlatz zu scheren, dabei unentwegt moralisch von Herrn Rutschky unterstützt, der es angesichts dieser Zumutungen an den Ritter nicht an relativierenden, kalmierenden Sprüchen fehlen lässt, Tenor: «Das ist doch alles nicht böse gemeint!» Es gelingt noch, die Ohren vom ungesunden Innenbewuchs zu säubern, obwohl sich eine unheilvolle Spannung mehr und mehr aufbaut. Dann sagt der Hund: «Wenn ich merke, dass die Grenze von der Kumpelei zur Respektlosigkeit überschritten wird, weiß ich, was ich zu tun habe.» Bekanntlich heißt die Ehre des modernen Ritters ja «Respekt» und verlangt vom Hund, dass er vom Granteln und Mosern und gräulichen Knurren an einem bestimmten Punkt zur Beißattacke fortschreitet. Dieser Punkt nun ist definitiv erreicht, wenn der hintere Rücken mit allem, was dazugehört, zur Beschneidung ansteht. Jetzt ist dem Ritter klar: «Das sind meine Freunde nicht, die hinterrücks gegen mich vorgehen.» Und außerdem meldet sich jetzt, umschriftlich gesprochen, die Kastrationsangst. Männliche Ehre und Respekt sind ja nicht mehr, aber auch nicht weniger als mächtige Reaktionsbildungen auf die Angst und Sorge, die dem kostbarsten Körperteil gelten, sagt Freud. Am Ende des lärmenden Theaters ist der Mensch schweißüberströmt, aber froh, ein paar Wochen Ruhe vor sich zu haben. Der Maulkorb hält zwar den ritterlichen Hund nicht von der Verteidigung seiner Ehre ab, aber wenigstens schützt er uns vor Verletzungen und der Nervosität, die mich beim Umgang mit scharfen Scheren am unwilligen Objekt ergreift, mich unsicher und langsam macht und den Krieg um die Ehre nur verlängert.

Meine Darstellung dieses regelmäßig wiederkehrenden Desasters zielt keinesfalls auf Einsendungen und Ratschläge seitens erfahrener Hundekenner, wohl gar noch Trainer und Therapeuten, auch wenn sie es noch so gut mit mir und meinem Hund meinen sollten. Wie oft haben mir schon andere Leute erklärt, dass sie zur Vermeidung von dem, was sie als ein Problem identifizieren, von vornherein gewisse praktische Entscheidungen getroffen haben. 1. Hunde mit langen

Haaren bringen mehr Schmutz ins Haus, deshalb haben sie einen ohne. 2. Bei dem ist der Arbeitsaufwand für die Fellpflege fast gleich null. 3. Haben sie eine Hündin, denn die ist braver, während man von Rüden ja schon weiß, dass zu den häuslichen Widersetzlichkeiten noch die in der Öffentlichkeit kommen.

Noch kann aber wenigstens die Meinung einer alten Bekannten, die ich nach Jahren in Begleitung einer Mischlingshündin wiedertraf, als exzentrische Interpretation der Gebote urbaner Zivilität gelten. Weil im trockenen Zustand des Behangs das Geschlecht eines Cockerspaniels (langes, seidiges, leicht gelocktes Haar im schönen Überfluss) nicht zu erkennen ist, erfragte sie dieses und schloss an meine Auskunft die rhetorische Frage an: «Aber den haben Sie doch wohl kastrieren lassen!?» Welche Worte mir mein Entsetzen eingab, habe ich vergessen. Ihre Antwort darauf war wohl ein Angebot zur Güte, die Dame ist schließlich Ärztin: «Ich kenne mich nicht aus, ich habe ja ein Mädchen, aber gehört habe ich doch, dass man Hunde in der Stadt besser k...» Schneller als eigentlich in der Situation angelegt zog ich mit meinem schwarzbraunen Ritter weiter.

Praktischen Gesichtspunkten, ich muss es zugeben, genügt mein Hund nicht; er begnügt sich damit, schön und interessant zu sein. Wenn zum Beispiel die Frisierstunde beendet ist, man ihn vom Küchentisch gehoben und den Beißkorb weggepackt hat, samt allen Scheren und Bürsten und Kämmen, dann wuselt der Hund nach Cockerart in schlängelnden Runden durch die Küche. Jetzt nimmt er die Cräcker und Schokoladenplätzchen und Kaustangen und alles, was er sonst an Extras schätzt, auf dem Tisch aber als Bestechungsversuch abgelehnt hat, glücklich auf und verlangt nach mehr. Vorbei ist vorbei und Schwamm drüber! Ich bin froh, dass der Hund nicht nachtragend ist. Es wäre aber auch gelogen, würde ich diese aufregende Situation alle acht Wochen allein als Kosten der Cockerhaltung verbuchen. Einesteils – und das lernt man nicht vom Papier – handelt es sich ja um eine Spezialform des Familienkrachs. Es ist doch sehr wichtig, dass im Kampf der Spezies und Generationen die Behauptung der einen Partei: «Ich will doch nur dein Bestes» vom vehementen Widerstand der Gegenseite immer wieder infrage gestellt wird. Das macht schlau und immer schlauer und entspricht ja auch der systemtheoretischen Apologie der Opposition, obwohl die Systemtheorie von Niklas Luhmann vielen ja immer noch als Versuchung zum Zynismus, Quietismus und Konservatismus gilt. Ich habe zum Beispiel kapiert, dass die Einhaltung des Rassestandards in toto fünfmal so lange dauern würde wie die Resignation bei fünfzig Prozent, die eigentlich auch optisch entscheidend sind. Wäre mein Hund kein Ritter, sondern eher ein Perückenständer, hätte ich die vernünftige Relation von Aufwand und Ertrag in diesem Fall nie begriffen.

Neben den praktischen Vorteilen führt der Antagonismus Mensch–Hund, hat man die Hundeposition erst einmal als unvermeidlich, ja legitim und förderlich akzeptiert, aber auch noch zu intensiven Erfahrungen, welche ganz gegen den kriegerischen Augenschein die Bande zwischen den Spezies enger und reicher gestalten. Georg Simmel (1858–1918) geht im berühmten 4. Kapitel seiner «Soziologie» über den Streit sogar noch weiter. «Hass, Neid, Not und Begier» (oder eben auch Haare, K. R.) sind zwar die dissoziierenden Ursachen, ist der Kampf über sie aber einmal in Gang gekommen, müssen wir in ihm die Abhilfsbewegung erkennen, welche den auseinander führenden Dualismus bearbeitet, so Simmel. Als dramatischer Spezialfall der sozialen Wechselwirkung unter Menschen und Tieren trennt Streit also nicht, sondern vergesellschaftet die Gegner mehr als sonst, mit welchem Ende auch immer.

Die Lehre, dass man sich vor Streit nicht fürchten, ja dass man streiten lernen muss, verbreiten inzwischen zwar schon fast alle Familien- und Paartherapeuten, noch nicht aber, soweit ich weiß, die Hundetrainer. Und ob sie bereit wären, den ganzen Simmel zu schlucken, ist doch zweifelhaft. Gegen die normale Intuition des auf Harmonie und Stille bedachten Menschenverstands behauptet dieser Soziologe ja nicht nur, dass Streit und Kampf gerade kein Ende des Sozialen anzeigen; er hält es sogar für falsch, überhaupt Harmonie als Ideal der Gesellschaft zu projizieren und zu verfolgen. Tut man es, gelangt man unweigerlich zu einer Auffassung, die das Gute vom Bösen (worin auch immer sie gerade bestehen mögen) nur immer behindert und eingeschränkt sieht. In einem zweiten Schritt ergreift man dann Maßnahmen, die dem Guten indirekt, nämlich auf dem Weg der Ausstoßung und Reinigung vom Bösen, zum Durchbruch verhelfen wollen. Weil das Putzen aber, wie jeder weiß, den Inbegriff der Sisyphusarbeit darstellt, können diese Methoden und ihre Hypothesen weder den Soziologen befriedigen noch den Menschen, der einen Hund hat, welcher beißen kann und es gelegentlich auch tut. Gegenüber allen denen, die das Gute wollen und deshalb zuerst das Böse ausrotten müssen, räumt Simmel ein, dass sein Standpunkt schon sehr sophisticated ist und nicht in jeder Situation von jedem wirklich zur Geltung gebracht werden kann. Mir hat er geholfen: «Als die höchste Auffassung indes, die allen Gegensatzpaaren (gut und böse, sauber und schmutzig, brav und gestört, friedlich und aggressiv, normal und therapiebedürftig, K. R.) gegenüber angezeigt ist, erscheint mir: Alle diese polaren Differenziertheiten als ein Leben zu begreifen und auch in dem, was von einem einzelnen Ideal aus nicht sein soll und bloß Negatives ist, den Pulsschlag einer zentralen Lebendigkeit zu spüren ...»

Ich schließe mit einem Geständnis, das mir fast peinlich ist, aber nicht vermieden werden kann. Im Clinch bei der Haarschneideprozedur erlebe nämlich nicht nur ich meinen Hund als Negation des Ideals, auch er lernt mich kennen, wie er mich sonst nicht kennt. Wenn seine Widersetzlichkeiten sich steigern und durch zahmere Maßnahmen wie Anschreien, Klammertherapie, Niederwerfen des Körpers und Herunterdrücken des Kopfes seine Wut sich ins Unermessliche steigert, dann bin ich so weit und nehme die Kriegserklärung an. Derbe Schläge, und zwar dahin, wo es ihm wehtut: auf die Schnauze, sind die Folge. Aus seinen Augen blitzt Mordlust und in mir sieht es nicht besser aus. Was jetzt anstünde, ist die Vernichtung des Feindes. Dazu ist es zwar auch vor der Einführung des Beißkorbs zum Glück nie gekommen, wohl aber zu Verletzungen an meinen Händen und einmal zu einer schwerwiegenderen am Hund.

Ohne dass ich gleich einen Zusammenhang mit meinen kriegerischen Handlungen vermutete, zeigte Kupfer einige Tage nach unserem Clinch beunruhigende Symptome. Plötzlich blieb er stehen und konnte nur durch gutes Zureden zur Fortsetzung des Ausflugs ermuntert werden. Dann sprang er nicht mehr aufs Sofa und unterließ das morgendliche Begrüßungsritual, wobei ich niederknie und er mir links und rechts die Vorderpfoten auf die Schultern legt. Ins Auto musste er gehoben werden, und endlich wagte er es kaum noch, sich niederzulegen. Er stand da, mit tief gesenktem Kopf, und miefte leise, wohl in Erwartung eines Schmerzes, der noch schlimmer werden würde. Natürlich war ich schon bei den ersten schwächeren Symptomen zum Tierarzt geeilt, sogar zweimal kurz hintereinander; denn auf mich als Hausärztin mit Hausmittelchen und selbst gebastelten Theorien gebe ich nichts. Kein Befund. Kaum wieder daheim, verschlechterte sich der Zustand des Hundes dramatisch. Es war nicht zum Zusehen und Abwarten, und mit einem Baby hätte jetzt wohl eine Fahrt mit Feuerwehr und Blaulicht angestanden. Wozu lebt man schließlich nicht auf dem platten Land, sondern in einer Stadt, wo für alle Eventualitäten Hilfe parat gehalten wird? Im Fall des Hundes besann ich mich auf eine bekannte Tierärztin ganz in der Nähe, die, wie sich herausstellte, faktisch ohne Mittagspause praktizierte. Sie verabreichte dem Hund eine schmerzdämpfende Spritze und gab uns neben einem weiteren Medikament Hypothesen mit auf den Weg. Trotzdem kein Grund zur Panik, selbst wenn der Hund mit der Bandscheibe Probleme haben sollte. Vielleicht hätten wir auch Glück, so wie sie mit einer ihrer Cockerhündinnen, der es genauso gegangen war. Wir beruhigten uns ein wenig, und dem Hund schien es allmählich besser zu gehen, bis nach drei, vier Tagen die heftigsten Anfälle wiederkehrten. Plötzlich blieb er unterwegs stehen, konnte sich nicht setzen, nicht legen, und Herr Rutschky musste uns von einer Parkbank auflesen, mich und meinen völlig demoralisierten, miefenden Hund im Arm. Wie ein rohes Ei hatte ich ihn aufgenommen und auf dem Schoß gebettet, was ihn zu trösten schien. Wieder ging es zu Frau Doktor Kobe, der Cockerspezialistin und deshalb gar nicht zufällig auch der Hebamme, welche vor zehn Jahren Kupfers Mutter bei der Geburt der acht Welpen beigestanden hatte. Ihre Hypothesen schienen an Überzeugungskraft zu gewinnen. Was wäre zu tun? Ihre Möglichkeiten wären zwar erschöpft, führte sie aus, aber sie sei mit zwei Spezialisten bestens bekannt, an die sie uns überweisen würde. Sie berichtete uns von mehreren Cocker-spaniels, die von ihnen zuerst fachmännisch geröntgt und dann auch erfolgreich operiert worden waren. Mit einer zweiten Packung Tropfen versehen und der Aufgabe, nachzudenken, gingen wir fort.

Zu den dramatischen Zuständen des Tieres, dessen Leiden wir kaum aushielten, schien die dramatische Diagnose nur allzu gut zu passen. Aber ganz langsam begann uns eine andere Erklärung zu dämmern. War es nicht bei der letzten Haarschneideprozedur zu besonders krassen Kriegshandlungen beiderseits gekommen und hatte ich den Hund dabei nicht sehr untunlich hoch gehoben und verdreht auf dem Tisch fixiert? Die ganze Symptomatik passte auch ganz gut zu einer schweren Zerrung im Nackenbereich. Die schuldbewussten Erwägungen einerseits, die trostreichen Auskünfte der Tierärztin für den schlimmsten Fall andererseits, erleichterten das Zuwarten in den folgenden Tagen, in denen Kupfer noch mehrere Schmerzanfälle auszuhalten hatte. Aber sie waren kürzer, wurden seltener und verschwanden bald ganz.

Frau Dr. Christa Kobe hat zwar mit ihrer Diagnose zu weit ausgegriffen, uns aber doch, wie es in dieser Situation nur einer Expertin für das Cockerspanielwesen möglich war, wirklich weitergeholfen. Als wir ihrer Hypothese – Bandscheibe! – vorsichtig unsere – Zerrung beim Haare schneiden – entgegensetzten, war sie es, die uns zum Maulkorb riet. «Sicher, Sie haben keinen Pitbull, keinen Dobermann und keine Dogge, die übrigens ja ohnehin nicht frisiert werden müssen, Sie haben sich für den Cocker entschieden», sagte sie sinngemäß, «aber genieren Sie sich trotzdem nicht, ihm einen Maulkorb zu verpassen. So süß, wie er ausschaut, und so charmant, wie er daherkommt, verfügt er doch über jeden Aspekt einer vollgültigen Hundepersönlichkeit, mit der nicht zu spaßen ist.» Seitdem wird zur Verhütung von Verletzten auf beiden Seiten bei uns ein Maulkorb eingesetzt und dabei an Frau Dr. Kobe gedacht, die vor wenigen Wochen plötzlich gestorben ist. Nicht, dass ich je ernstlich erwogen hätte, meinem eigentlichen Haustierarzt wegen ihrer Aushilfe die Treue aufzukündigen – aber betrübt bin ich schon. Und was ist aus ihren Hunden geworden, darunter ein junger Spaniel mit dem heute vorgeschriebenen unkupierten Schwanz, mit denen ich sie das letzte Mal gesehen habe?

5. Paradiesnachrichten

Es ist schon sonderbar, aber die Frage, warum ich einen Hund habe, ist mir noch nie gestellt worden, gerade von Hundefeinden und Hundeskeptikern nicht, die vermutlich doch genauso zahlreich sind wie die Hundeanhänger, ihre Gegenpartei. Stattdessen verwickeln sich Fans und Feinde, wenn sie aufeinander treffen, im Handumdrehen in Grundsatzdebatten: Gehören Hunde in die Stadt? Müssen so genannte Kampfhunde nicht verboten werden? Sind Rassehunde nicht überzüchtet und also gar keine richtigen Tiere mehr? Ist Tierliebe nicht eine Ersatzhandlung für Kinderliebe? Für Nächstenliebe? Wie will man die Geldausgaben für Hunde rechtfertigen, wo es so viel Hunger in der Welt, soviel Not und Elend aber auch hierzulande gibt? Sprechen tägliche Tonnen von Hundekot und Hektoliter von Urin nicht schon ohne Debatte gegen Hunde in der Stadt? Sind die meisten Hundehalter nicht im Grunde Tierquäler? Und ihre Hunde Neurotiker?

Dabei sind die Kritiker und Skeptiker, die solche Grundsatzfragen aufwerfen, keineswegs Tierfeinde, im Gegenteil. Die lebhaftesten Debatten entwickeln sich mit Leuten, denen die Natur im weitesten Sinn, ihr Schutz, ihre Erhaltung und Pflege, das höchste Anliegen ist. Gar nicht so selten sind sie sogar überzeugte Vegetarier! Das Gebot: «Du sollst nicht töten» erstreckt sich für sie auch auf Tiere. Aber die Tatsache, dass ich neben 100 000 oder 150 000 anderen Metropolenbewohnern einen Hund habe, möchten sie irgendwie wegdisputieren oder wegregulieren, wie ehedem andere das falsche Bewusstsein der Arbeiterklasse oder gar den Verblendungszusammenhang im Großen und Ganzen beschworen, wenn der Widerstand gegen die ihnen so sonnenklaren Gebote der Vernunft sonst nicht zu erklären war.

Als Fan fällt es mir leicht, die Feinde der Hundeheit zu durchschauen und zu widerlegen, ohne doch ihre Zahl vermindern und ihrem Engagement den Boden entziehen zu können. Wozu hat man sich sachkundig gemacht und eine kleine kynologische Extrabibliothek gegründet? Aber es hilft nichts, weil es in puncto Hund, speziell Stadthund, um zwei weitreichende Konzepte der Welt- und Lebensdeutung geht, die miteinander nicht zu versöhnen sind. Die einen wollen Pflanzen, Tieren und Menschen (im Prinzip Indianern) Paradiesrechte zurückerstatten, die ihnen im Verlauf der Begebenheiten genommen worden sind. Sie kämpfen eigentlich für die Rekonstruktion des Paradieses. Die anderen gehen davon aus, dass das Paradies weder in der Vergangenheit stattgefunden hat noch in der Zukunft einmal durchzusetzen sein wird. Für sie stehen das Paradies und die

Welt nicht in einem zeitlichen Kontinuum bzw. Diskontinuum, sondern überlappen und durchdringen sich. Und zwar jederzeit und überall! Hundefans und Hundefeinde befinden sich also in einem Dogmenstreit, ja in einem latenten Religionskrieg, der oft genug in bitteren Scharmützeln auch manifest wird.

Trotzdem ist die Frage, warum man einen Hund hat oder sonst einem der 21 Millionen Tiere aller Art, die in Deutschland gehalten werden, Zeit und Geld zuwendet, so direkt kaum zu beantworten. Weil sie auf religiöses Terrain führt, ist sie auch ein wenig genant, und ehrliche Antworten sind nicht zu erwarten. Viel und laut ist vom Nutzen eines an sich nutzlosen Heim- und Haustieres die Rede – es macht Freude, soll Kinder zur Verantwortung erziehen, andere zu gesunden Spaziergängen motivieren, den Blutdruck senken und zur Naturverbundenheit beitragen und was dergleichen vernünftige Erklärungen mehr sind. Reduziert auf das Praktische löst man das Rätsel der Tierliebe aber nicht. Ebenso wenig kommt man weiter, wenn man bei der Sinnsuche vom Nutzen auf Moral und Ethik umschaltet. Man betätigt sich nicht moralisch, weil man ein Tier hält, regelmäßig den Zoo besucht oder auch nur über die Medien die Rückkehr der Störche aus dem Süden oder die Rettung einer Katze durch die Feuerwehr verfolgt. Ebenso wie Tiere von praktischem Nutzen sein können, zeitigen sie bei Menschen auch moralische Reaktionen, ohne aber an sich als moralische Aufgabe zu wirken. Auch Moral ist nur eine Folge, nicht die Ursache der so genannten Tierliebe.

Ich behaupte probeweise einmal, dass für viele Zeitgenossen, mich eingeschlossen, Tiere zu handfesten Statthaltern einer weltimmanenten Transzendenz geworden sind. Wir sind vielleicht Mitglieder einer umfangreichen

Sekte, die dem Tier anhängt. Da die Religionswissenschaftler uns noch nicht entdeckt haben, bin ich zur Beweisführung auf eigene Recherchen angewiesen. Sicher können Fachleute in dem, was nach populärem Verständnis als Verirrung der Tierliebe gilt, Fragmente eines Tierkults entdecken, der unvollendet geblieben ist. Als mein erster Hund starb – auf mein Geheiß und durch die tödliche Spritze des Tierarztes –, habe ich in den Stunden und Tagen danach in Andeutungen alle Phasen der Religionsgründung durchgemacht. Keineswegs hatte ich ein uraltes und schwer krankes Tier nach vielen Beratungen «einschläfern» lassen, mir war eher, als hätte ich es ermordet, ja geopfert und müsste seine Rache, seine Wiederkehr fürchten. Der Hund erschien mir im Traum und ließ mich plötzlich zweifeln, ob er überhaupt tot war, hinten im Gepäckraum des Autos, in dem wir ihn zu seinem Grab fahren wollten … Ich wurde schreckhaft, sah im Dunkeln gern Gespenster und tat ein Jahr lang alles, um den Hund zu versöhnen, vor allem dadurch, dass ich ihn nicht durch einen neuen ersetzte. In Gedanken und Gesprächen nahm ich immer wieder die einzelnen Phasen seines Lebens durch und prüfte mich grüblerisch mit der Frage, ob ich in den letzten zwei Jahren, als der Hund ein kränkelnder Greis geworden war und vor allem in den letzten zwei Wochen vor seinem Ende leiden musste, alles richtig gemacht hatte. Plötzlich stellte ich fest, dass der Gedanke des ewigen Lebens, der unsterblichen Seele und einer jenseitigen Welt, in der sich alle dahingeschiedenen Lebewesen versammeln, mich anzog – ein Gedanke, der sich mir beim Tod von Menschen nie aufgedrängt hatte und der auch in krassem Widerspruch zu meinen klaren materialistischen Überzeugungen steht. Es gab Tage mit Stimmungen, an denen ein Spiritist oder der Missionar einer India-

nerreligion, jedenfalls einer, die Tiere ein- und nicht ausschließt, die Chance gehabt hätte, mich zumindest vorübergehend von diesen Überzeugungen abzubringen.

Längst weiß ich, dass alle diese Erfahrungen nicht auf
meine morbide Konstitution zurückzuführen sind. Die Welt
ist voll von Leuten, die von Tieren mehr fasziniert sind als
zum Beispiel von Heiligen. Statt auf eine Wallfahrt nach
Lourdes begeben sie sich auf eine Fotosafari nach Afrika und
erstatten über die Ansichten von Löwen, Elefanten oder
Nashörnern so erleuchtet Bericht, dass der Zuhörer am
spirituellen Charakter dieser Erfahrung eigentlich keinen
Zweifel mehr haben kann. Sie verabscheuen längst den
Gedanken an die Großwildjagd, sie suchen auch keine Abenteuer: Sie wollen nur schauen, in aller Ehrfurcht und Verwunderung ...

Im Alltag der meisten macht sich die unheimliche Fas-
zination des Tieres, die mit dem Begriff der Tierliebe oder
ökologischen Ideen mehr verdeckt als erhellt wird, in viel
banalerer Form geltend. Es gehört zum zynischen Wissen
von Medien- und Werbeprofis, dass Flauten aller Art mit
«Blumen und Babys» (so Alfred Edel in einem Film von
Alexander Kluge) zu beheben sind. Die Wahrheit ist, dass
die Blumen eigentlich Tiere sind und der Zynismus der
Macher sich entpuppt als Resignation vor den altmodischen
Bedürfnissen der Konsumenten, denen keineswegs nur an
unerhörten Ereignissen und Neuigkeiten, sondern mindestens ebenso sehr an Heilsbotschaften gelegen ist, an Nachrichten über das Leben an sich, wie es immer und ewig sein
und bleiben soll.

Eine Woche lang habe ich zwei überregionale, zwei regio-
nale und eine Boulevardzeitung deshalb nach Paradiesnachrichten durchforstet. Vielleicht wäre es wünschenswert ge-

wesen, auch das Fernsehen in meine Recherche einzubeziehen, aber weil verschiedene Stichproben in dieselbe Richtung deuteten wie die Printmedien, überlasse ich bescheiden systematischere Erhebungen der ernsten Forschung. Was sind Paradiesnachrichten? Nicht ausschließlich, aber doch erstaunlich häufig Nachrichten über Tiere – wenn der Begriff der «Nachricht» hier überhaupt noch zutreffend ist. In allen Zeitungen gibt es täglich und ununterbrochen einen Unterlauf, einen unbeobachteten, aber wichtigen Neben- und Subtext, der von Tieren handelt. Es gibt andere Subtexte, die unterschätzt und verkannt werden – ich nenne die Todesanzeigen und den Wetterbericht –, aber aufs Gebiet der Religion im eigentlichen Sinn führen die Tierintarsien im Nachrichtenfluss.

Am Montag feiert die Elefantendame Pang Pha ihren 13. Geburtstag. Sie ist trächtig, und man hofft, dass sie in wenigen Tagen ein Junges zur Welt bringen wird. Das ist im Zoo seit Jahrzehnten nicht mehr vorgekommen. Im Velodrom, so wird angekündigt, findet in wenigen Tagen *das* Event für Pferdeliebhaber statt. Die edelsten Pferde aus aller Welt werden in Schaubildern ihr Können zeigen. Das schöne Frühlingswetter am Wochenende wird u. a. mit dem Foto des Eisbären nachbereitet, der sich auf einem Felsen rollt. Die Pandabärin Yan Yan, eine Leihgabe aus Peking, hat noch hundert Tage, um schwanger zu werden, ehe sie die Rückreise antreten muss. Da es aber in den vergangenen Jahren nicht geklappt hat, ist die Hoffnung gegen Null gesunken, und der Zoo wird diese Attraktion wohl verlieren. Es sei denn, die Chinesen verwandeln ihre Leih- in eine Dauerleihgabe, was der Regierende Bürgermeister im Gespräch mit seinem Pekinger Kollegen, der die Stadt besucht, anbahnen könnte … Eine große Reportage widmet sich den Wildschweinen, die sich in den letzten Jahren in Stadtrandgebieten, klug und frech, wie sie sind, ein neues Habitat aufgebaut haben. Sie haben Anhänger und Gönner in der Bevölkerung, die sie sogar füttern, aber besonders unter Bauern und Gärtnern natürlich Feinde, die sie mit Tricks aller Art vertreiben und das Berliner Landesforstamt mit Aufforderungen bombardieren, bei diesen Halbstarken, die auch schon mal die Trainingsplätze von Fußballvereinen in Äcker verwandeln, endlich hart durchzugreifen. Einfach abknallen? Das Landesforstamt wiegelt ab – vielleicht will es neben Bäumen doch auch gern für imposante, wenngleich letztlich ungefährliche Tiere zuständig sein?

Zu den Paradiesnachrichten erster Güte kommen solche, die von der Fortdauer traditioneller Mensch-Tier-Beziehungen künden, das aber im Tonfall des Befremdens, sogar der Kritik, tun. Der Europameister und Vizeweltmeister im «Big Game Fishing» kommt aus einem brandenburgischen Dorf und verdankt diese Titel zum Beispiel dem Sieg über einen Gelbflossen-Thunfisch von 307 Kilo Gewicht und einer Länge von 2 Meter 40. Dass Hemingway schon lange tot ist, weiß aber zumindest der Reporter, der den Hochseekampfsport des Dörflers ehedynamisch interpretiert und in den großen Zusammenhang ostdeutscher Fernreiselust nach der Wende rückt. Seufzend wienert die Ehefrau daheim die Preispokale, während der Mann wer weiß wo seinem teuren Hobby nachgeht. Das Jagen und Töten von Tieren wird heute wohl nur noch von wenigen als interessantes Hobby, gar als ernst zu nehmender Leistungssport, betrachtet. Kein Wunder, dass der Mann aus dem Brandenburgischen noch Sponsoren sucht.

So befremdlich, ja abstoßend heute vielen die Jagd erscheint, noch viel mehr Menschen dürften das Schlachten als

Akt vor dem Braten und Essen als kontraproduktiv empfinden. «Lamm» wird zwar in der feinen Küche sehr geschätzt, aber nur deshalb, weil unter «Lamm» oder «Schwein» oder «Kalb» und «Rind» eine Fleischsorte verstanden wird und der Gedanke an ein Tier weit weg ist. Wer während der Zubereitung und beim Essen lebhafte Vorstellungen eines Lämmchens oder Kälbchens vor Augen hat, dem dürfte der Appetit schnell vergehen. Nicht geschlachtete Tiere, sondern Fleischsorten offeriert deshalb in einer großen farbigen Zeitungsanzeige auch die Supermarktkette. Das aufgeschnittene Fleisch kann keiner Anatomie mehr zugeordnet werden. Was man mit einem Schnitzel, einem Steak oder Kassler machen kann, weiß die Köchin – nicht mehr aber, woher es kommt.

Eine der türkisch-deutschen Verständigung gewidmete Kolumne titelt heute: «Beim Opferfest verstümmelten sich viele Feiertagsmetzger selbst». Drei Tage dauerte in der vergangenen Woche das islamische Opferfest, von dessen Spiegelung in den türkischen Medien uns die Autorin berichtet. Offenbar wurden am Opferfest allüberall in der Türkei Tiere aus religiösen Gründen privat geschlachtet. Das heißt oft, nicht professionell, nicht sachgerecht und nicht schonend für das Tier. Eine türkische Boulevardzeitung meldete, dass in Adana, einer Millionenstadt am Mittelmeer, die Kanalisation verstopft gewesen sei, weil die Feiertagsmetzger die Gedärme der Tier einfach auf die Straße geworfen hätten. Auch in einer anderen Zeitung waren grausige Bilder zu sehen, die von Tierquälerei zeugten. Wie kann man solche religiösen Gebräuche in den Dienst der Verständigung zwischen den Kulturen stellen? Gar nicht. Deshalb hebt die Berichterstatterin vor allem auch auf die innertürkische Kritik an diesen Vorfällen ab, und die Zeitung besänftigt uns schon in der

Überschrift mit dem Hinweis auf die gerechten Strafen, welche die «Feiertagsmetzger» während der fragwürdigen Ausübung ihrer Tätigkeit erlitten haben. 1380 Personen sollen dabei selbst zu Schaden gekommen sein, obwohl die Medien im Interesse der Tiere und der Menschen lange vorher darüber aufgeklärt hatten, wie ein zuvor zu betäubendes Tier zu schlachten sei, damit es nicht zu einem wilden Gemetzel kommt.

Nicht weniger archaisch als die Gebräuche mancher Türken mutet die Behauptung des russischen Präsidenten Putin an, es handele sich bei den in Tschetschenien verbliebenen Opponenten der Armee um Tiere und nicht um die Tschetschenen, die sich seit Jahrhunderten von der russischen Herrschaft befreien wollen. Man hat es Putin schwer verübelt, dass er die strategische Lage wie folgt analysiert und beschrieben hat: «Wenn wir abziehen, dann konsolidieren sich die Rebellen erneut. Wir schneiden die Gebirgsregion ab und führen dort Spezialoperationen durch. Dort laufen noch genug dieser Tiere herum, und sie könnten sich zu Rudeln zusammenschließen und Ausfälle versuchen.»

Dass der Vergleich von Mensch und Tier, erst recht das Ineinssetzen beider, den Menschen um seine einmalige Würde bringt und damit seiner schlechten Behandlung als Tier durch den Menschen Vorschub geleistet wird, ist uns nur noch im Rückblick auf die Geschichte der Gattungsbeziehungen plausibel. Ein Mädchen meiner Bekanntschaft komplettierte über viele Jahre ihrer Kindheit eine «Schweinesammlung». Ihr Zimmerchen war voll gestopft mit Schweinen in allen Formaten und medialen Versionen, und dass sie bestens über diese Tiere informiert war, bewies sie jedem willigen Zuhörer. Keinesfalls konnte sie den Missbrauch des Schweins zu Beschimpfungszwecken billigen.

Ein Vergleich von Mädchen und Schwein wäre ihr wohl fehlerhaft, aber nicht unbedingt kränkend vorgekommen.

Was moderne Kinder dem russischen Präsidenten voraus haben (Putin musste sich übrigens wegen seiner sprachlichen Entgleisung bei der Klassifikation seiner tschetschenischen Gegner später entschuldigen), sind weitläufige Erfahrungen von klein auf mit ganzen Haufen von Plüsch-, Schlaf- und Kuscheltieren. Ehe sie lernen, dass Tiere ihnen gefährlich werden können, haben sie gelernt, dass sie niedlich, süß, lieb und weich sind. Was viele Kinder nicht daran hindert, hin und wieder ihren Stoffzoo zu revidieren und abgelebte Exemplare auf der Straße zu verkaufen.

Mein Hund liebt diese Häschen und Bärchen, je schmuddeliger, je lieber sind sie ihm, und hin und wieder kaufe ich ihm eins, was die Kinder an sich ja freut. Den Fehler, Kupfer das Tier gleich zu überreichen, habe ich aber nur einmal gemacht; denn der Hund schlägt natürlich seine Zähne sichtbar in den Stoff, schüttelt das Wesen herzhaft und geht schnell daran, es anzuknabbern, zu rupfen und ihm die weiße Kunststofffüllung aus dem Leib zu reißen. Die Kinder waren sprachlos vor Entsetzen, sodass ich diesen Hundespaß mit verstoßenen Schmusetieren nur noch in den eigenen vier Wänden zulasse.

Am Dienstag gibt es einen Bericht über Wölfe, der auch jene vom Konzept der Paradiesnachricht überzeugen müsste, die am Montag noch skeptisch geblieben sind. Eine Gemeinde in Bayern hält sich seit einiger Zeit ein Wolfsrudel, das nicht nur den zweitausend Lohbergern ans Herz gewachsen ist, sondern auch eine geradezu «magische Anziehungskraft» auf jährlich 140 000 Touristen ausübt, wie der Bürgermeister mitteilt. Spuren von Wölfen sind im Bayerischen Wald neuerdings öfter zu finden. Die Naturschützer freuen sich über die Zuwanderung aus dem Osten, andere weisen auf die Gefahren hin, die von freien Wölfen angeblich ausgehen. Wölfe der halb freien Art gibt es auch im benachbarten Nationalpark «Bayerischer Wald», allerdings kriegt man sie selten zu sehen. Anders in Lohberg, das mit der Parole wirbt: «Urlaub machen dort, wo die Wölfe heulen.» Mensch und Wolf können hier einander gefahrlos für beide Seiten in die Augen sehen.

Zu den putzigen Seiten der Kohabitation von Wolf und Mensch gehört das Heulen der Wölfe jeden ersten Samstag im Monat, Punkt zehn Uhr. Dann lässt nämlich die Freiwillige Feuerwehr ihre Sirene ertönen, und dieses Geräusch animiert die attraktiven Bestien zum Mittun. Wölfe bellen nicht, sie heulen. Hunde bellen und heulen nur manchmal. Kupfer hat es schon getan, aber die Fälle sind so rar, dass ich die Ursachen zuverlässig nicht benennen könnte. Sirenen kommen als Auslöser auch bei ihm infrage, Sehnsuchtsstimmungen, Angst. Jedenfalls ist es so, dass ein wölfisch heulender Cockerspaniel im Menschen sonderbare Reaktionen weckt. Einerseits ist man gerührt, weil der Hund sich so überdimensioniert und fremd artikuliert, andererseits ist man aus denselben Gründen richtig erschüttert, weil man eine Ahnung davon bekommt, dass auch nach Jahrtausenden der Koevolution von Mensch und Hund Letzterer ein bisschen Wolf geblieben ist! Dem Artikel ist ein Foto beigegeben. Die fünf – nebenbei gesagt, ziemlich rundlichen – Wölfe recken den Kopf und strecken den Hals gen Himmel mit schlitzförmig verengten Augen, ganz genau so, wie ich es manchmal bei Kupfer und auch bei Nickel gesehen habe.

Die Naturschützer glauben, dass der Wolf heute, 150 Jahre nach der Erschießung des letzten frei lebenden Exemplars in Bayern, wieder viel Sympathie genießt. Und das, obwohl wir den Wolf immer noch als Tier kennen, das Rotkäppchen oder sechs der sieben Geißlein frisst; oder als Reißwolf oder Markus Wolf oder als Hobbes-Zitat «homo homini lupus» («Der Mensch ist dem Menschen ein Wolf»). An ein Comeback sollte man aber nicht denken, eher an die Einbürgerung eines dämonischen Feindes der Vergangenheit, mit dem der Mensch sich heute zu versöhnen traut …

Ein Artikel befasst sich mit der POPs-Konvention, einer Konferenz in Bonn, die über die weltweite Ächtung eines «dreckigen Dutzends» schwer abbaubarer organischer Schadstoffe verhandelt. Illustriert ist er mit dem Bild einer Robbe auf Gras, die dem Leser frontal ins Auge schaut. Der Artikel erläutert zwar, dass auf dem Weg der Nahrungskette Pestizide in beängstigendem Umfang in den Nabelschnüren grönländischer Babys landen, aber was die Illustration betrifft, hat man sich lieber auf eine Robbe verlassen. Noch stärker als ein Baby appelliert ein Tier an unsere Bereitschaft, den universalen Schuldzusammenhang zu beklagen, in den wir uns seit der Vertreibung aus dem Paradies verstrickt haben und immer weiter verstricken.

In diesem Sinn wird auch eine Buchbesprechung mit einem großen Foto bebildert, auf dem eine Frau vor einer weiten bergigen Landschaft, eine Kippe im Mundwinkel und mit zwei langbeinigen Lämmchen links und rechts unterm Arm, zu sehen ist. Die Bildunterschrift zitiert aus dem Buch von J. Coetzee, das hier rezensiert wird, eine fast eschatologisch anmutende Botschaft: «Nur auf die einsilbigen Wörter ist noch Verlass, und auch nicht auf alle.» Hier sind es die Lämmchen, die die Korruption der Sprache beweisen, so wie die Robbe vorhin die Vergiftung der Natur. Der Menschheit, die in sich gehen soll, wird das Tier wie eine Ikone vorgehalten.

Am Mittwoch ist der «Tag des Wassers». Das Bundesministerium für Umwelt, Naturschutz und Reaktorsicherheit würdigt ihn mit einer Anzeige, die über die erfreuliche Zunahme der Seehunde im deutschen Wattenmeer informiert. Seit 1991 hat sich – dank verbesserter Wasserqualität – die Zahl der deutschen Seehunde auf 10 000 vervierfacht. In der Elbe ist das Artenspektrum der Fische auf 51 angewachsen bzw. restituiert worden. «Es gibt keinen Grund zum Heulen», diese beziehungsreiche Botschaft ist dem hier Dienst tuenden Seehund fett und quer über die Brust gedruckt. Wobei mir auffiel, dass ich Robben, Seehunde, Seeelefanten und Seekühe gar nicht unterscheiden kann – ich sehe immer nur dieselben schönen Kulleraugen, die Barthaare, die schwarze Nase und die weiche Mundlinie ...

Vor 720 Jahren wurde zum ersten Mal das Wappentier Berlins, ein Bär, im Siegel der Kürschnerinnung benutzt. Es gibt einen Verein, der seit einigen Jahren den «Bärentag» begeht und eine Bärenhaltung außerhalb der beiden Zoos und auf stadthistorisch bedeutendem Gelände unterstützt. Eine Zeitung startet eine gut bebilderte Umfrage, welches Bärendenkmal der Stadtbewohner für das schönste erachtet. Vorausgreifend verrate ich, dass es die Plastik von Renée Sintenis sein wird, die seit 1957 am Grenzübergang Dreilinden aufgestellt war. Sie zeigt einen halb hohen, kindlichen Bären in aufrechter, anmutiger und wie tänzelnder Stellung. Ein Bärenjunges mit offenem Mäulchen, das vielleicht auf seine Mama zutapert wie ein dickes Kind, das gerade laufen lernt – nur eben viel, viel niedlicher, als ein dickes Kind es je sein könnte. Ein Forscherteam in England soll sich mit der Leihmutterschaft im Tierreich befassen. Eine Löwin könne im Dienst der Arterhaltung einen Tiger austragen. Das ist aber Zukunftsmusik, obwohl die Boulevardzeitung so tut, als wäre es schon passiert.

Überhaupt heften sich Phantasien übers Kindermachen und Kinderkriegen gern an Tiere, speziell solche, die im Zoo leben. Ein Zicklein vom Stamm der Girgentanischen Ziegen und ein zweites, frisch geborenes vom Stamm der Afrikanischen Zwergziege sind von ihren jeweiligen Müttern verworfen worden – werden aber jetzt von Pflegern mit der Flasche aufgezogen. Immer wieder profitieren Zoos von bösen Müttern, die ihre Kinder lieblos behandeln, sogar verstoßen. Die Journalisten, die Besucher, alle tun so, als ob sie solche bösen Mütter kennten und sich wie Bolle freuten über das Schnippchen, das aufopfernde Fremde der mörderischen Mutter schlagen … Der Zoo liefert überhaupt zahlreich und regelmäßig Paradiesnachrichten. In Mexiko soll ein Mann versucht haben, sein Handy aus dem Löwenkäfig zu retten. Der Löwe habe geschlafen, und hätte das Handy nicht just in dem Moment geklingelt, als der Mann es neben dem Tier aufhob, wäre von dem Vorfall nichts herzumachen. Aber so …

Apropos Löwen: Ein Maler Löwenstein stellt aus. Der Bahnhof in Löwenberg ist von einer Sanitärfirma aufgekauft worden. Der Arbeitgeberpräsident, der öfter erwähnt wird, heißt Dieter Hundt. Es ist ja so, dass es nicht nur Länder und Städte gibt, die so genannte Wappentiere haben, es gibt auch Menschen, die wie Tiere heißen. Keine Affen, Giraffen, auch keine Tiger – aber massenhaft Bärs in allen möglichen Schreibweisen, dito Löwen und Wölfe. Dazu Specht, Sperling und Kuckuck und gar nicht wenige Wurms bzw. Würmer. Im Berliner Telefonbuch finden sich auch Igels, aber keine Kaninchen, dafür jedoch Hasen. Es gibt Mäuse in nicht geringer Zahl, aber keine einzige Ratte, obwohl diese Tiere in der Großstadt ein ziemlich prominentes Dasein führen. Ein paar heißen Fisch, sehr viele dagegen Fischer. 29 führen den Namen Hund, aber über hundert den Namen Hundt mit dt, wobei das t wohl den feinen Unterschied zwischen Mensch und Tier symbolisiert. Vermutlich gibt es mehr Katzen als Hunde in der Stadt, aber Menschen, die ihren Namen tragen wollen, sucht man jedenfalls im Telefonbuch vergebens. Es gibt ein paar Katz, aber keine Katze. Fliegen und Schlangen kann man an einer Hand abzählen. Dann wieder staunt man über annähernd neunzig Leute, die auf den Namen Nachtigall hören, von den Massen, die sich mit dem Begriff «Vogel» so im Allgemeinen begnügen und damit zehn Spalten füllen, gar nicht zu reden!

Am Mittwoch berichtet die Boulevardzeitung auf einer Doppelseite mit vielen Bildern über eine private Tierklinik. Es geht dort zu wie in einem ganz normalen Krankenhaus, nur dass ein Pferd weniger handlich ist als ein Mensch und mit einem Kran aus der Narkosebox auf den OP-Tisch gehievt werden muss. Morgens macht der Chefarzt, flankiert von seinen Unterärzten, Visite und kontrolliert die Blut- und Fieberwerte seiner Patienten. Auch hier geht es manchmal um Leben und Tod, deshalb hat man dafür gesorgt, dass binnen zwanzig Minuten, auch mitten in der Nacht, ein komplettes OP-Team zur Stelle sein kann. Legte man das traditionelle, hierarchische Verhältnis von Tier und Besitzer zugrunde, wären viele Operationen sinnlos. Ein neues Pferd käme die Besitzer oft billiger als die Arztkosten, und manche Pferde werden sogar operiert, obwohl sie voraussichtlich auch danach als Reittier nicht mehr zu gebrauchen sind. So wie der Wallach Amati, an dessen Geschichte sich die Reportage entlanghangelt. «Hauptsache, er lebt und hat keine Schmerzen», sagt Bettina K., eher doch in der neuen Rolle als liebende Mutter oder fürsorgliche Anverwandte denn in der alten der «Besitzerin» eines Reitpferds.

Das Sentiment für Tiere soll der Pariser Couturier Jean-Charles de Castelbajac mit großem Erfolg zum Thema seiner neuen Kollektion gemacht haben. Die Schau fand im Naturkundemuseum statt und soll viele zu Tränen gerührt haben, die beim Anblick der Tierapplikationen, ganz, wie es der Designer auch gewollt hat, in Erinnerungen an ihre Kindheit zurücktauchten, die Zeit der Unschuld und des Einklangs mit der Natur. Der Teddybär steht einladend am Eingang zu diesem verlorenen Paradies. Auch früher haben Modeschauen nicht auf Sentimentalität verzichtet. Der obligate rührende Schlusspunkt bestand allerdings im Erscheinen einer «Braut» mit mehr oder weniger reichem Gefolge. Der Zusammenbruch des Patriarchats hat auch die Verklärung der unschuldigen Braut in Weiß beendet. Ganz wie bei Rousseau vor 250 Jahren müssen sich heute die neuen Paradiessehnsüchte auf vorgesellschaftliche Zustände oder Wesen richten, Kinder, Wilde und Tiere, am besten in einer Kombination aller drei Formen.

Deshalb dürfen Kinder auch nicht angeln, wenn es nach den Grünen, Natur- und Tierschützern aller Art geht. Ein neues Fischereigesetz soll nach dem Willen der Stadtregierung die Bestimmungen an jene des Landes Brandenburg angleichen. Dort dürfen nämlich schon Achtjährige angeln, wenn sie einem Angelverein angehören, in Berlin müssen sie zwölf sein und bei ihrem jägerischen Tun von einem Erwachsenen begleitet werden. Das sei keine kinderfreundliche Neuerung, sondern ein Verstoß gegen das Tierschutzgesetz, das Kindern unter sechzehn den Erwerb und natürlich auch das Töten von Wirbeltieren untersagt, meint ein Experte. Die Tierärztekammer bedauert, dass man keinen Jugendpsychologen hinzugezogen hat, der die Parlamentarier über die Wirkung des Tötens von Tieren durch Kinder auf Kinder selbst aufklären könnte. Da bei der Novellierung Belange des Tier- und Kinderschutzes gleichzeitig berührt werden, hat die zahlenmäßig weit unterlegene Opposition gute Chancen.

Dass vierzehn Wale an den Strand einer Insel der Bahamas angetrieben wurden, von denen acht dort auch verendeten, kann keine natürliche Ursache haben. Die Natur tut so etwas nicht, unterstellen aufmerksame Umweltschützer und verdächtigen die US-Marine mit ihren Schallexperimenten zum Aufspüren von U-Booten, die Lotsysteme der Tiere ge- oder zerstört und sie zur Flucht aus der Testzone und in den Tod getrieben zu haben. Der Vorfall wird von Experten der Marinebehörde untersucht. Fest steht jedenfalls, dass heute von vernünftigen, aufgeklärten und verantwortungsbewussten Menschen die Rechte der Wale ernst genommen werden – ernster jedenfalls als das Recht und die Pflicht der Marine, ihre Apparate im Interesse der Landesverteidigung etc. zu perfektionieren. Das Walsterben tangiert aber nicht nur den Artenschutz; es ist als «rätselhafter» Vorfall zugleich ein Menetekel, eine unklare, aber wichtige Botschaft über die wachsende Bedrohung der Welt. So peu à peu scheint alles Gute, Schöne und Wahre den Bach runterzugehen. Für diesbezüglich empfänglich hat Herr Rutschky die These parat: «Erst sterben die Wale, dann stirbt das Hörspiel», die auch umgekehrt gut zu gebrauchen ist.

Beobachtet man die Routine, mit der Tiere Tag für Tag in der Zeitung als Statthalter einer weltimmanenten Transzendenz gebraucht werden, dann muss man doch den Effekt politischer Appelle bezweifeln, die noch naiv auf die hierarchische Differenz von Mensch und Tier abheben. Eine Initiative von Asylbewerbern bemüht sich darum, allen Flüchtlingen, die weit verstreut im Land untergebracht und von Schikanen der Behörden über Beleidigungen durch Passanten bis hin zu schwersten tätlichen Angriffen auf Leib und Leben aller möglichen Unbill ausgesetzt sind, eine politische Plattform zu bieten. «Wir müssen zusammenarbeiten, um der Regierung zu sagen: Wir sind keine Tiere. Wir sind doch Menschen auf demselben Niveau wie Sie», brachte bei einem Treffen ein ehemaliger Studentenführer aus Kamerun das Anliegen auf den Punkt.

Das war der Mittwoch, und bisher ist noch kein Wort über den Hund als Gegenstand von Paradiesnachrichten gefallen, an denen auch am Donnerstag, Freitag, Samstag und Sonntag kein Mangel herrscht. Davon möge sich, wer will, von nun an jeder selbst in jeder beliebigen anderen Woche in Zeitungen seiner Wahl überzeugen.

Wenn von Hunden bisher noch nicht die Rede war, so hat das einen einfachen Grund: Sie scheinen sich für Paradiesnachrichten wenig zu eignen, obwohl im Berichtszeitraum von Montag bis Sonntag diese Tiere in Bildern und Texten auf die eine oder andere Art 25-mal vorgekommen sind. Zum Vergleich: Auf nur zehn Nennungen brachten es sämtliche einheimischen Tiergattungen – von der Raupe, der Ratte, der Hummel, dem Wildschwein über das Moorhuhn, die Friedfische bis hin zur Fruchtfliege als dem Lieblingstier der Genforscher, nicht zu vergessen die metaphorischen Tiere wie z. B. die «Schmierfinken» und andere Unholde. Hinzuaddieren müsste man noch sieben Pferdemeldungen und eine über Rindvieh. Zootiere – die städtischen Zoos sind wegen ihres Artenreichtums teils berühmt, teils berüchtigt – wurden zehnmal, allerdings immer und ausführlich in paradiesischer Beleuchtung präsentiert. Achtmal wurde das Anliegen des Artenschutzes an Robben, Walen und Elefanten demonstriert.

25-mal Hund untergliedert sich in zwölfmal Hundekritik, viermal Hundekomik, und den Rest bestreiten Hunde, die ins Bild geraten sind und damit auf eine bloß indirekte Art von der großen Bedeutung dieser Tiere für mich und andere zeugen. Die Paradiesnachricht, die mir als Stadtbewohner tagaus, tagein Kupfer zukommen lässt, so wie Nickel und am Rande unserer täglichen Exkursionen zahllose andere Hunde es tun und getan haben, ist überhaupt nicht präsent. Sehr gegenwärtig ist dagegen der Zweifel an der Realität des Paradieses, das sich, klein und intarsienhaft in den Alltag eingelassen, den Leuten offenbart, die einen Hund haben, mit dem sie auch in die Welt gehen. Vergeblich warten muss ich wohl noch lange auf den Tag, an dem mir der Frühling, der Winter oder das Wetter, schöne Gelegenheiten, das Leben an sich deutlich zu begehen, einmal mit Hund statt mit Flamingos oder Eisbär gezeigt werden.

Was ist Hundekritik? Jeder so genannte Kampfhund hat heute die Chance, die seit Andy Warhol bekannten Minuten, oder wenigstens Sekunden, an Prominenz zu kassieren, wenn er sich nur ordentlich danebenbenimmt. Am Montag zum Beispiel wird gemeldet, dass ein Baby von zwanzig Monaten vom Prinzip Kampfhund auf der Ferieninsel Gran Canaria umgebracht wurde. Ich spreche vom Prinzip, weil eine Zeitung einen, eine andere gleich vier Exemplare dieser Hunderasse beschuldigt, der Hergang außerdem eher die Eltern als die Hunde verdächtig macht und ich außerdem auf den Kampfhund an anderer Stelle noch zu sprechen komme. Wie kann ein Kleinstkind von zwanzig Monaten, rührungshalber als Baby apostrophiert, unbeaufsichtigt in den Zwinger mit mehreren Hunden geraten und endlich von den Eltern schwer verletzt dort, wie es wörtlich heißt, entdeckt werden? Sodass im Krankenhaus nur noch der Tod konstatiert werden konnte? Sonderbar, sehr sonderbar, und vielleicht eher ein Fall fürs menschliche Strafgericht als für den bedauernswerten Tierarzt, dem man in solchen Fällen dann die Aufgabe zuteilt, mit einer Spritze Tiere zu Tode zu bringen.

Am selben Tag wird gemeldet: «Wieder eine Frau von Kampfhund angefallen.» Diesmal geschah es im Lande, vor den Toren der großen Stadt.

Im Berichtszeitraum kommt es zur Beratung eines Gesetzentwurfes, den Bündnis 90 / Die Grünen eingebracht haben. Sie schlagen vor, dass alle Hunde, die schwerer sind als 17 Kilo und höher als vierzig Zentimeter, einem Hunde- und Hundehalter-TÜV ausgesetzt werden. Anders gesagt, alle größeren Hunde sollen in Zukunft extra genehmigt, in gewissen Abständen vorgeführt und geprüft werden, ganz genau so wie ein Auto auf seine technische Sicherheit. Auch die Halter größerer und potenziell gefährlicher Hunde sollen sich in Zukunft als verantwortliche Bürger und sachkundige Tierhalter regelmäßig ausweisen müssen. Die Kosten für diese treffend «Hunde-TÜV» und «Hundeführerschein» genannten Maßnahmen sollen natürlich die Hundehalter tragen. Anders als die Grünen plädieren die Sozialdemokraten für eine Regelung, die in anderen Bundesländern schon vorbildlich durchgesetzt ist. Bayern zum Beispiel wird zwar seit Menschengedenken von der CSU regiert, der die SPD eben so lange schon opponiert – aber in puncto Kampfhunde scheint man sich einig. Zack, zack hat man eine Liste gefährlicher Hunderassen aufgestellt und ihre Haltung an Bedingungen geknüpft. In München, immerhin auch eine Millionenstadt, sollen noch acht Kampfhunde existieren, die nur mit Leine und Maulkorb ausgeführt werden dürfen. Wie viele es vorher waren, erfahren wir nicht, auch nicht, was aus ihnen geworden ist. Wurden sie getötet, exportiert, oder leben sie jetzt undercover?

Es ist zwar so, dass Hundekritiken ganz genauso wie die Paradiesnachrichten ein eigenes Genre in der Zeitung bilden und mich als Hundefan im Allgemeinen, Kupferinhaberin im Speziellen oft sehr deprimieren; Grund zu verzweifeln habe ich aber eigentlich nicht. Gerade einmal 49 – in Worten: neunundvierzig – Anzeigen wurden 1999 in Berlin wegen der Verunreinigung öffentlicher Verkehrswege durch Hundekot erstattet. Diese Zahl ist in Anbetracht 100 000 steuerzahlender Hunde, von den anderen ganz zu schweigen, schon bei flüchtiger Prüfung von Bürgersteigen, Rinnsteinen, Baumscheiben und Parkwegen sehr niedrig. Persönlich bekannt sind mir aus meiner Umgebung etwa vier Hundehalter, die genauso wie ich selbst seit nunmehr zwanzig Jahren die Exkremente ihres Tieres im Abfall entsorgen. Viele kennen sogar die Gesetzeslage bezüglich des Problems so wenig, wie sie die Steuergesetze durchschauen oder über die zweite Lautverschiebung informiert sind, die das Hochdeutsche vom Niederdeutschen trennt. Wie konnte sich diese Ignoranz halten, ungeachtet der ständigen Appelle und der klaren, mit Sanktionen bewehrten Vorschriften, die ein für alle Mal den richtigen Umgang mit (pardon!) Hundescheiße regeln sollen? Tiefere Gründe biete ich im Kapitel über Hundepolitik an; ein offenbarer leitet sich aus der Überzeugung her, dass der Hund Privatsache ist und sein Benehmen so wenig wie das seines menschlichen Begleiters Gegenstand staatlicher Maßnahmen sein kann. Zum anderen können Verstöße gegen das gute Benehmen – und darum handelt es sich ja beim öffentlich (pardon!) scheißenden Hund in jedem Fall – gerade von denen, die Anstoß nehmen, weil sie tatsächlich über gutes Benehmen ganz selbstverständlich verfügen, nicht moniert werden. Denn Benimm verlangt, dass man sein Fehlen beim erwachsenen Gegenüber eisern ignoriert und heute bei weiter gestiegenen Ansprüchen selbst bei Kindern und Jugendlichen darauf zu achten hat, das Gebot des Taktes nicht zu verletzen. Der äußerst diffizile Prozess der Zivilisierung, der Durchsetzung vor allem ästhetisch imponierender Standards, kann eben nicht von Beschämungen, Belehrungen, gar Drohungen profitieren, weil jeder, der sie vorbringt, sich damit als Parvenü, als Wichtigtuer und autoritärer Charakter mit einem Defizit an Autorität entlarvt. Merke: Gutes Benehmen versteht sich von selbst, und mit schlechtem, auch wenn es hehre Ziele verfolgt, ist es nicht zu verbreiten.

49 Anzeigen wegen der Verunreinigung der öffentlichen Verkehrswege durch Hunde sind in einer Millionenstadt mit notorisch großer Hundepopulation einesteils also furchtbar wenig. Soll man empörte Bürger diesbezüglich zu mehr Anzeigefreudigkeit motivieren und Polizisten ermahnen, nicht nur bei Falschparkern, sondern auch bei (pardon!) scheißenden Hunden richtig durchzugreifen? Nirgends habe ich deutliche Aufforderungen zum Denunziantentum gelesen, nirgends klare Klagen über säumige Polizisten. 49 Anzeigen lassen auch vermuten, dass alle, Hundefeinde, Bürger und Polizisten, begriffen haben, um was es geht: um zivilisierten Benimm, der jedweder Gewalt entsagt.

Zum Genre Hundekritik zählen natürlich auch Meldungen, die nicht Hunde, sondern Fehlverhalten von Hundehaltern zum Inhalt haben. Viele noch ganz unentdeckte Hundefeinde verstecken sich hinter der Maske des Tier- und Naturschützers. Den Weg in die Zeitung gefunden hat ein Hundehalter, der seinen Collie wegen Übergewichts von einem Tierarzt einschläfern, also töten lassen wollte. Empört habe ihm der vorbildliche Tierarzt die Tür gewiesen und den Hund im Tierheim abgeliefert. Eine Zeitung bietet uns sogar ein Bild des dicken Collie. Wie viele andere Hunde gibt es in der Stadt, die nicht sach- und artgerecht gehalten werden? Gegen den Hund sprechen also auch Tierhalter und Tierzüchter, die sich der Tierquälerei befleißigen. Unerträglich der Gedanke an die misshandelten Tiere – sie sollen besser nicht sein als schrecklich leiden, denken viele.

Ein großer Bericht ist dem Tierheim gewidmet, auch er mittelbar ein Beitrag zur Hundekritik. Falsch sei es, die Städtebewohner mit Hundeliebe auszustatten! Gegenbeweise liefern die Hunde, die unter fadenscheinigen Vorwänden, bei Ferienbeginn geradezu in Massen, im Tierheim abgeliefert werden. Während Kampfhunde, die gegenwärtig den Hauptteil an Hundekritik bestreiten, Menschen, ja Kinder gefährden, erinnert das Tierheim daran, dass Menschen nicht nur gut sind für Tiere … Die mentale Falle, in die uns solche Berichte locken und ausweglos gefangen halten, heißt Sadomasochismus. Man wird auf die Trias von Tod, Liebe und Leben reduziert.

Nächst der Hundekritik firmiert in meiner Stichprobe die Hundekomik. Ich lehne sie ab; denn einerseits kommen zwar in solchen Darstellungen Gemütswerte vor, die Freude am Drolligen, Putzigen und Rührenden des Hundes zum Beispiel. Andererseits sind Hunde aber gar nicht komisch, sondern extrem humorlos und von einem erschreckenden Bierernst. Ironie kommt in ihrem Weltkonzept auch in Andeutungen nicht vor. Nach meinen Beobachtungen akzeptieren Hunde handgreifliche Liebeswallungen völlig fremder Menschen; sie reagieren jedoch ambivalent, wenn der Mensch sich nicht sicher ist, der sich ihnen nähert; richtig böse und wütend aber werden sie, wenn der Mensch, obwohl völlig angstlos, ihrer spottet, sich redend und witzelnd zu ihnen herablässt. Nickel zum Beispiel geriet in die Nähe von Tobsuchtsanfällen und Beißattacken, wenn er Herrn K.s ansichtig wurde, der ihm wohl gesinnt war, ihm aber ironisch mit vielen Worten begegnete. Hunde träumen, phantasieren und können spielen. Mit Nickel und Kupfer habe ich oft so getan als ob, zu beiderseitigem Vergnügen: Man tat so, als hätte auch der Mensch ein vitales Interesse am Lappen oder Knochen; oder als wüsste man nicht, dass das Verstecken hinterm Baum der Lust am Jagen und Austricksen dient. Linksrum, rechtsrum, der Hund versteht das Spiel ganz genau und macht es begeistert mit. Oder er brummt und droht, als ginge es bei dem Lappen, um den wir streiten, um Leben oder Tod für den einen oder den anderen. Aber kein Humor, keine Komik, keine Ironie. Hunde sind furchtbar ernste Tiere auch beim Spiel.

Die Zeitungen melden, dass ein Werbespot mit einem Hund einen Preis bekommen hat. Es geht um ein Handy, das so klein ist, dass ein ebenfalls winziger Hund es verschlucken kann. Dann klingelt es, und statt des Handys nimmt der Mensch den Hund ans Ohr. Im neuen Film von Otto, der es jetzt statt mit Otti- mit Pingifanten hat, soll auch ein Hund vorkommen. Volker Schlöndorff hat der Film, aber auch der Einsatz des Hundes gefallen, der «an die Wand geklatscht wird». Vielleicht hat der so wundersam erfolgloserfolgreiche Regisseur an den Ausspruch von W. C. Fields gedacht: Wer kleine Hunde und Kinder hasst, kann kein ganz schlechter Mensch sein.

Hunde, wie sie sind und wie sie wirken, kommen in der Zeitung nur im Bild vor, und auch da nur wie nebensächlich, niemals frontal. Eine Demo gegen Milošević zeigte einen Husky vor den Demonstranten – wie der da hinkommt, wüsste ich gern. Oder ein Mischlingshund springt am Zaun der Nachbarn von Gabriela Mendling hoch, der in gewissen Ecken der Republik ziemlich gehassten Autorin zweier Bücher über den «Osten», die alte DDR. Hier die Mutter, da die Tochter, in der Mitte der Hund. Ganz beiläufig erscheint der Hund auch in der Reklame einer Bausparkasse. Sehr deutlich zwar, aber im Effekt subkutan, wie in den anderen Beispielen auch.

Ich resümiere meine Recherche. Dem Großstädter erscheinen Tiere als Statthalter einer ansonsten verlorenen Transzendenz. Der Natur- und Tierschutz mögen davon profitieren, die Hunde als sichtbare Vertreter einer Hoffnung auf das Paradies tun es nicht. So oder so traut man ihnen nicht: hier die Kampfhunde, die Menschen gefährden – da die Menschen, die Hunde quälen.

Kein Hund eignet sich für eine Paradiesnachricht, weil der Hund sich mit dem Menschen eingelassen hat – und umgekehrt. Dieses Durcheinander, dieser Mischmasch von Mensch und Tier sind es, die Verwirrung stiften in moralischer und politischer Hinsicht.

6. Das traurige Alter

Während ich Nickel auf den Untersuchungstisch hebe, wird mir plötzlich bewußt, wie lange und wie oft ich das schon getan habe. Ganz ohne Vorwarnung laufen mir Tränen durchs Gesicht. Ehe ich bis drei zählen kann, ist meine ganze Fassung weg. Ich übergebe die weiteren Verhandlungen mit Dr. Cousin an Herrn Rutschky, der uns glücklicherweise hergefahren hat.

Bis vor kurzem habe ich nicht gewusst, dass auch Nickel sterblich ist. Er war alt geworden, das schon. Das rote Haar war grau meliert, an den Seiten ganz weiß. Und das Gesicht hatte im Dunkeln richtig zu leuchten begonnen, wie bei einem kleinen Gespenst. Bei Tage waren die moorigen Augen wegen des hellen Umfelds noch unergründlicher als sonst erschienen, eine Linsentrübung war schnell zum Stillstand gekommen, die Augen waren blank geblieben, dunkel und tief. «Wie bei Adorno!», sagte Herr Rutschky manchmal, der den Vergleich ziehen konnte. Ich habe immer gefunden, dass jemand, der aus solchen Augen in die Welt schaut, den Göttern eher als den Irdischen zuzurechnen ist. Ja, aber nun ist Nickel nicht nur auf diese unbestimmte Art alt, sondern er ist krank, sogar sehr krank. Deswegen sind wir ja hier. Kaum war mir aufgefallen, dass der Brustkorb so überdeutlich hervortrat – es entstand eine Disproportionalität wie bei den V-förmigen Bodybuildern, die mich kurz erheiterte –, da kämpfte er schon mit hoch gerecktem Hals um Luft. Er zog und zog, aber es war zu wenig.

Wie ich mich dann ein wenig gesammelt habe, Nase geputzt und mehrmals tief durchgeatmet, kriege ich mit, dass Dr. Cousin die Lage nicht für hoffnungslos hält. Eine Wasserkur schlägt er vor, wir nennen das so, es ist aber eine nicht ungefährliche Entwässerung des Körpers und damit auch der Organe, die von der seit Jahren bekannten Herzinsuffizienz betroffen sind. Außerdem könnten wir ohne weiteres die Dosierung der Tabletten erhöhen. Dann berichtet Dr. Cousin von Fällen, die viel dramatischer verlaufen, gleichwohl nicht hoffnungslos gewesen sind. Es gibt Kranke, die fallen ohnmächtig um. Aber auch in diesen Fällen, er nennt das Mittel, das man spritzt, muss man nicht an das Ende denken. Zur Beruhigung gibt er mir noch seine Privatnummer.

Nun geht es mir wieder so gut, dass ich mich meiner plötzlichen Einsicht in die Sterblichkeit schäme. Warum mache ich so ein Theater, wenn man so viel gegen sie unternehmen kann? Gegen den leisen Widerstand von Herrn Rutschky und Dr. Cousin, vielleicht sind beide von meinem Gefühlsausbruch ein wenig geschwächt, schlage ich sofort etwas vor. Der faule Backenzahn, ein Infektionsherd, muss raus. «Der schmerzt doch auch?», frage ich Dr. Cousin. «Mit Sicherheit.» Mehr als eine örtliche Betäubung kann man nicht riskieren in dem Alter. Die Anästhesie ist noch nicht so weit, und kurz denke ich an Poldi, der starb, als ihm ein Zahn gezogen wurde. Liegt es nun an der allzu schwachen Betäubung oder der Skepsis des Arztes, es stellt sich heraus, dass der Zahn drinbleiben muss. Ich bin trotzdem froh. Das Schlimmste kam aber erst noch, in vielfacher Gestalt. Eine Infektion, die ich nicht sofort erkannte, weil ich die Diarrhoe mit den Symptomen der Entwässerungskur verwechselt hatte. Nickel erbrach einen riesigen Wassersee, schamhaft wie immer in einer Ecke des Zimmers. Er konnte nichts mehr bei sich behalten und wollte bald auch das verführerischste Häppchen nicht mehr haben. Nachts wechselten wir, seine Betreuer, uns ab. Einer machte Dienst und trug gegebenenfalls den Kranken hinaus in die Eiseskälte, wo er sich kaum noch auf den Beinen halten konnte vor Schwäche. Dr. Cousin hängte ihn an den Tropf und konnte sich auch so schnell, wie alles ablief, keinen Vers darauf machen. Auch am Samstag sind wir in der Praxis. Eine Diät aus Magerquark, gekochten Eiern, Kartoffeln und jodiertem Speisesalz wird auf längere Zeit verordnet. Ganz zuerst natürlich Haferschleim. Vier Wochen später, am 1. Februar, ist Smogalarm in Berlin. Das Autofahrverbot kommt durchs Radio, aber auch die Warnung, dass alle, die an Erkrankungen des Herzens oder der Atemwege leiden, sich am besten nur in geschlossenen Räumen aufhalten.

Auch beim Weinen wechseln Herr Rutschky und ich uns ab. Mal darf der eine, mal der andere der Mischung aus Erschöpfung, Verzweiflung und Traurigkeit nachgeben. Nur nie beide gleichzeitig! Ich muss bei meinem momentanen Arbeitgeber in Westdeutschland um Urlaub bitten: «... ersuche ich Sie, mein Fernbleiben bei der Arbeitssitzung am Dienstag zu entschuldigen, denn mein Hund ist schwer krank, vielleicht stirbt er sogar ...» Natürlich habe ich keinen solchen Brief geschrieben, sondern alles informell geregelt.

Dass Hunde einfach so sterben, kommt sehr selten vor, hatte mir Dr. Cousin gesagt. Es scheint aber ein Problem zu sein, dass der Gnadentod bzw. die Sterbehilfe gern ein bisschen zu früh gewährt wird. Doch hierzu an anderer Stelle mehr. Die ewig unentschiedene Konkurrenz zwischen Alfred Polgar und Alfred Kerr kann ich für mich jedenfalls durch die gehörige Gewichtung ihrer Tierbeziehungen tadellos zugunsten von Polgar entscheiden. Polgar z. B. hat in einer Geschichte beschrieben, wie eine Frau mit viel Gefühl einen Hasen mästet; denn Hasen sind sehr niedliche Tiere. Dann, als der Schlachttermin näher rückt, ändert sie ihr Verhalten, notgedrungen, zum Bösen hin. Sonst gäbe es keinen Braten. Oder Polgar will einem geschlachteten Kalb die Augen zudrücken, traut sich aber nicht und schließt stattdessen die eigenen. Ganz anders Kerr. Seine autobiographischen Tiergeschichten gipfeln unweigerlich im Liebesmord an den leider, leider lebensunfähigen Seehunden, Bullterriern, Katzen. Es ist der unzweideutige Höhepunkt, wenn ihr brechendes Auge endlich in seines getaucht ... Igittegitt.

In diesen Tagen sehe ich im Fernsehen «Lightning over Water – Nick's Film» von Wim Wenders. Er sieht dem schwer krebskranken Nicholas Ray beim Sterben zu. Weil Ray in meiner Studentenzeit ein sog. Geheimtipp war, kenne ich fast alle seine Filme. Mein kollegiales Interesse an der Arbeit von Wenders schlägt in Abwehr um, als ich merke, dass er das Thema, das auch meins ist, verfehlt hat.

Er ist sentimental, denn er denkt vom Tod aus, der nicht sein eigener ist. So lässt er um den Sterbenden einen Heiligenschein wachsen, lauter letzte Taten, letzte Worte, die so recht den Tod verklären, statt sich vom Leben rühren zu lassen, das gerade in dieser abnehmenden Gestalt so überdeutlich zu sehen ist. Der Gesundheitszustand von Nickel stabilisiert sich, natürlich auf einem anspruchslosen Niveau. Er wird, wie man so sagt, «immer weniger», und innerhalb einiger Wochen muss ich mich umgewöhnen. Der tägliche Spaziergang von einer Stunde, der dreizehn Jahre lang bei jedwedem Wetter immer stattgefunden hat, muss gestrichen werden. Erst rückblickend fällt mir auf, wie lustlos Nickel schon in den letzten ein, zwei Jahren manchmal war, wenn ich mit ihm in den Park fuhr. Die beste Motivationsarbeit war oft vergeblich, gleich nach dem ersten, zweiten Ballwurf verzog sich der Hund unter eine Parkbank und hörte nicht mehr auf mich. Ich muss auch zur Kenntnis nehmen, dass er taub geworden ist und nur noch hohe Frequenzen zu ihm durchdringen. Herr Rutschky und ich einigen uns auf das Wortspiel «Cocker ade» oder «Cocker a. D.». Die Idee, dass es einen Hund im Ruhestand gibt, und was können Rentner nicht noch für ein schönes Leben haben, erheitert und tröstet. Was in Wirklichkeit nicht mehr stattfindet, wird von uns in Reden übersetzt. Es gibt ein Standardgespräch über Nickel, das sehr redundant, aber ebendeshalb sehr wohltuend ist, besonders wenn ich in Westdeutschland arbeite, wo ich ihn nicht vor Augen habe.

– Nach der traditionellen Rechenmethode wäre er jetzt 7 mal 13 Jahre plus 11 Monate, rundgerechnet also 97 Jahre alt.

– So kann man aber nicht mehr rechnen beim Stand der Tiermedizin.

– Er hat doch ein schönes Leben gehabt.

– Das war die Bedingung. Die Vorhersehbarkeit seines Todes sollte uns nicht schrecken.

– Ja, ich weiß. Ist das lange her!

– Kommt mir gar nicht so vor.

– Er bleibt doch auch noch eine Weile an Bord.

– Er war so klein. Aus den drei Telefonbüchern musste ich ihm ein Treppchen bauen, damit er auf die Couch klettern konnte.

– Gestern fiel mir wieder mal ein, wie er die Dogge zusammengestaucht hat und wir den Besitzer trösten mussten, der dachte, er hätte eine animalische Waffe zum Spazierenführen und zum Schutz seiner aufregenden Tochter.

– Es gab doch kleine Volksaufläufe, wenn er seine Tauchkünste in der Isar oder im Olympiasee anwandte. Den Kopfsprung vom Bootssteg habe ich ihm vermutlich beigebracht, weil mein Vater sein Leben lang von einem Airedale schwärmte, der es auch konnte.

– Vermutlich.

So erzählen wir uns Geschichten, die wir uns schon oft erzählt haben und die keinen Sinn machen, außer dem, das Leben von Nickel immer wieder- und wiederzukäuen. Es gibt die Veteranenreden von Heldentaten und Tapferkeit, von bestandener Gefahr um Haaresbreite, den Mythos der Kindheit, die vielen Liebesgeschichten, und nie endet das Wundern über seine alerte Gescheitheit von Anbeginn. Je nachdem, an welchem Punkt das Gespräch endet, beschließe ich im immer wieder aufbrechenden Schmerz, dass ich nie wieder einen Hund haben möchte; denn es wäre unfair dem neuen Tier gegenüber. Dauernd würde es verglichen und schnitte schlecht ab, weil Nickel ja kein Hund war, wahrscheinlich nie einer gewesen ist, sondern ein Wesen beson-

derer Art. Und mit «besonders» meine ich nicht, dass ich
sein Fell akzeptiere wie anderswo die braune Haut, sondern
wirklich besonders als ein Wesen höherer, unwahrscheinlicher Art, das ich noch Jahre, nachdem es bei mir war, un-
gläubig anstaunte. Dass gerade ich ausersehen war ... Endet
das Gespräch anders, dann fasse ich Entschlüsse für die Zukunft. Der Neue bekäme das Halsband, die Decken, den
Schlafkorb und den Namen, bloß mit der Königszählung:
Nickel II. Der große Vorfahr könnte in der Prinzenerziehung
die Rolle spielen, die ihm zukommt. So dachte ich damals ...

Die Ausgänge zur Erledigung der Notdurft werden ein
wenig länger. Der 14. Geburtstag am 4. April wird aber nicht
gefeiert, die Stimmung bleibt klamm und bedrückt. Aber es
gibt schon warme Tage. Der Arzt hatte mich in meiner Hoffnung auf die laue Luft, die besser aus- und einziehen kann,
sehr bestärkt. Und dann, der Frühling ist nicht nur die Zeit
der Triebtäter, sondern ganz allgemein auch der Lebens-
triebe. Auch der Hund hat offenbar Entschlüsse gefasst. Ich
muss es anthropomorphisierend ausdrücken. Wenn ich mit
ihm auf die Straße gehe, schaut er sich unternehmungslustig
nach dem Auto um, in das er gleich springen will, um in den
Tiergarten oder den Grunewald zu fahren. Wenn ich zur
Haustür zurückgehe, bleibt er stehen und sieht mich erstaunt an – um nicht zu sagen vorwurfsvoll. Dann denkt er
wohl: Gut, jetzt noch nicht, aber später. Hin und wieder ist
eine Abweichung von der Routine auch früher vorgekommen, und jeder, der denkt, Nickel oder Wesen seiner Art
könnten, wenn überhaupt, nur im Schema F denken, der irrt.

Einige Tage später ist es besonders warm und sonnig. Ich
gebe Nickel zu seiner riesigen Freude einen der giftgelben
Tennisbälle, die immer noch vorrätig gehalten werden. Und
das ist das Zeichen für Wald, Wiese, Wasser. Um die Ecke

gibt es eine Grünanlage. Ich werde mich auf die Bank setzen, Zeitung lesen, und er hat, wenn schon nicht mehr das aktive, dann doch das passive Sehvermögen, den Lebensfilm vor Augen, die Gerüche in der Nase. Es kommt noch viel schöner. Der Hund legt mir den Ball vor die Füße, ich rolle ihn fünf Meter weit, und Nickel eilt mit der ihm verbliebenen Kraft, ihn zu fangen. Er tut so, als merke er den Unterschied von 5 zu 50 Metern gar nicht, die ich sonst als Jagdvergnügen geboten habe. Dann geht er zu dem Beet und fängt an, in der lockeren Erde ein Loch zu graben. Tief wird es nicht (verboten ist es sowieso), aber schön liegen die lüsternen Pfoten auf dem kleinen Erdwall um den dreckigen Ball herum. Beim Staubsaugen stelle ich mir die Frage, wie sich Dinge zur Erinnerung verhalten. Soll man sie miteinander verlöten um den Preis, dass schließlich ein paar Fetische an die Stelle des geliebten Objekts treten, das man verloren hat? Oder soll ich mich darauf verlassen, dass ich alles in Kopf und Herzen gespeichert habe, was ich für die Pietät brauche, die ich in nicht gar zu ferner Zukunft Nickel schulden werde? Das fällt mir beim Staubsaugen ein, weil ich da eine Polsterbürste der Tierhaare wegen für den Fußboden benutzen muss. Auch sie säubert noch nicht gründlich genug, sodass ich mit meinem Schrubber nachhelfe. Ganze Hände voll Nickelhaare bürste ich wieder zusammen und denke, dass man von diesem Hund wie bei einem Schäfchen Wolle ernten könnte. Hätte ich rechtzeitig damit angefangen, wären genug weiche Haare da, um ein Polster zu stopfen. Man hat ja im Biedermeier die kunstvollsten Souvenirs aus Haaren geflochten, und Haare binden magisch, wie Lene in Fontanes Roman «Irrungen, Wirrungen» sagt und deshalb – heillos anständig, wie sie ist – keins herschenkt an ihre große Liebe, die wegen des sozialen Gefälles keine Chance hat.

Im Frühsommer fällt es leichter, an den Tod zu denken. Einmal scheint er, eine Folge der warmen Witterung, unwahrscheinlicher – zum anderen geht es Nickel wirklich besser. Mit Dr. Cousin habe ich ein Gespräch über die Leiche, die er einmal sein wird. Der einfachste Weg ist der, dass sie gegen ein Entgeld von 70 Mark aus der Arztpraxis abgeholt wird. Von der Tierkörperbeseitigung, die eine Verwertung mit einschließt. Teurer wird es, wenn man auf die Verbrennung besteht. Man kann den toten Hund auch selber abliefern, wenn man misstrauisch ist. Die Idee mit der Verbrennung gefällt mir, doch Dr. Cousin nimmt mir meine Illusionen. Es ist nämlich die Müllverbrennung, der man meinen Hund übergeben müsste. Und, das deutet der Tierarzt taktvoll an, der Unterschied zwischen Müllverbrennung und Tierkörperverwertung ist doch fast nicht zu sehen. Also wozu das Theater?

An die Stelle der großen Ausflüge sind die Studienspaziergänge in unserer Straße oder, wenn Nickel dazu Neigung verspürt, ums Karree getreten. Ich lerne noch mehr Leute kennen bzw. komme mit ihnen auf Grußfuß. «Na, der ist auch nicht mehr der Jüngste», lautet ein gewöhnlicher Ausspruch, auf den ich nicht ohne Stolz mit der Auskunft «Über 14 ist er» reagiere. Alle Hunde unserer Bekanntschaft, viele davon jünger, hat er schon überlebt, und obwohl ich sehe, wie mühsam das Alter wird, habe ich den Ehrgeiz, dass Nickel 15 wird. Nun hat er aber ein Problem und ich mit ihm, denn seine körperlichen Kräfte schwinden schneller als sein Unternehmungsgeist.

Nickel hat zwar nicht viel Puste, wartet aber dauernd darauf, dass endlich etwas passiert und unternommen wird. In der Wohnung läuft er auf Schritt und Tritt hinter mir her, wohl um, falls es losgeht, dabei zu sein. Ich muss vernünftig sein und jeweils entscheiden, ob sein Zustand es erlaubt, dass er mich zum Einkaufen oder in die Stammkneipe begleiten kann. Am meisten vermisse ich seine Begleitung auf den abendlichen Spaziergängen durch die Stadt, die gerade im Juni, wenn es so lange hell ist, seit Jahren unternommen werden. Ehe wir ohne ihn aufbrechen, kommt es zu einer Szene, dir mir fast den Abend verderben kann. Sie ist der Preis für die hochgradige Individuation, die Nickel erfahren hat. Er bemerkt die Aufbruchsstimmung und will sich anschließen. Voller Freude springt er um uns herum und postiert sich dann im Flur in der Nähe der Tür, kommt und sieht nach, wo ich bleibe. Herr Rutschky signalisiert schon, dass er dableiben muss. Das Zeichen kann er übersehen, denn letzten Endes bin ich zuständig. Nun muss ich mit den Handzeichen, auf die wir uns in diesem Fall geeinigt haben, er ist ja taub, die definitive Entscheidung bekannt geben. Sie hat auf Nickel die Wirkung einer Strafe, bloß weiß er nicht wofür. Er wird depressiv. Die Körperspannung verschwindet, er schlägt die Augen nieder bzw. sieht weg und ohne Bewegung durch alles hindurch. Er zieht sich ganz still zurück und reagiert auch nicht, wenn man noch einmal nach ihm sieht.

Bei der Rückkehr ist alles vergessen und die Wiedersehensfreude groß. Umso größer sind meine Schuldgefühle und die Neigung, beim nächsten Mal bei ihm daheim zu bleiben.

Alle beklagen sich über den Sommer, der nicht kommt, und die Hitze, in der man sich aalen möchte. Ich bin ganz froh über das schlechte, also kühle Wetter. So bleibt Nickel und mir ein Hochsommer ohne Wasser erspart. Ins Wasser springen sollte ein Herzkranker sowieso nicht, und ob er, einmal drin, nicht plötzlich absaufen würde, weiß man auch nicht. Ich könnte nicht einmal nach ihm tauchen, weil die

Spree die Farbe von schwarzem Kaffee hat. Die Teiche im Tiergarten sind zwar flach, der Untergrund aber so morastig, dass ich samt dem Hund als Moorleiche enden könnte. Der Grunewaldsee, der offizielle Berliner Hundestrand, ist in unerreichbare Ferne gerückt; da könnte er in Kniehöhe herumwaten, Holzknüppel herausziehen und beknaupeln. Nur müsste ich ihn dann, 15 lebendige Kilo, 300 Meter hin und her tragen, zumindest teilweise. Ich verwerfe dieses Projekt. Es würde uns beiden nicht sehr gefallen; denn tragen lässt er sich nur, wenn es ihm sehr, sehr schlecht geht. Dass ich ihm die Treppen manchmal ersparen möchte, hat er nicht gern. Lieber geht er langsam, wie ein Invalide, rechte, linke Pfote nachsetzend, rechts, links nachsetzend usw. An guten Tagen nimmt er Anlauf und schafft – nicht im alten Tempo, aber im alten Laufschritt zumindest – die ersten vier oder fünf Stufen, ehe er dann wieder nachziehen muss. Zuerst konnte ich es mir nicht erklären, warum die vorher deutlich zu hörenden Bronchialgeräusche manchmal beim Treppensteigen weg waren. Aha, ein Trick, er hält die Luft an und verschnauft erst auf dem Treppenabsatz. Solche Beobachtungen lehren, dass der Unterschied zwischen Mensch und Tier sehr übertrieben wird. Wie alle Alten hat er seine Tricks.

Dann gibt es Anfang Juli überraschend ein paar Sommertage, sodass ich mich schon entschließe, mit Nickel in den Tiergarten zu gehen. Hundert Meter vom geparkten Auto werde ich mich an den Waldrand setzen und lesen, und der Hund kann im Schatten oder wie oder was, man wird sehen. Nickel ist ganz elektrisiert, als ob ein Fluch kraft Julisonne aufgehoben sei. Kaum habe ich Zeit, mein Badelaken auszubreiten und die Kleidung abzulegen, da wirft er mir den Ball vor die Füße und gibt den altbekannten Laut der Ungeduld, ein Bellen mit Kopfstimme. Ich versuche, vorsichtig zu bleiben, und werfe nicht weit; ich werfe wegen des Schattens in den Wald; ich werfe ins Gebüsch, damit er nicht rennen, sondern suchen muss, das ist nicht so anstrengend. Ich will vernünftig bleiben und das Ödem in der Lunge nicht vergessen; ich will ihm den Anfall von Atemnot ersparen, der auf diese Raserei doch folgen muss. Da rennt er auf eigene Rechnung weite Runden, wenn er am Horizont einen anderen Hund sieht. Mit dem Selbstgefühl wächst die Größe des Reviers, das er beansprucht und das kein anderer unkontrolliert und nur bescheiden durchqueren darf. Er verschwindet im Wald und kommt verdreckt zurück. So tief, wie er gräbt, ist die Erde feucht. Der Tennisball, die falsche Beute, ist nicht mehr als solcher zu erkennen. Ich drecke langsam mit ein.

Ich muss laut lachen. Aus dem Lesen wird nichts. Wahrscheinlich ist jetzt das Wunder passiert, auf das ich doch, ohne es zuzugeben, die ganzen Monate gewartet habe. Es geht nicht immer weiter und unaufhaltsam bergab, jetzt wird gesund geworden, und Nickel wird wieder der Quell an Lebenslust und Vitalität, der er, manchmal zum Erschrecken, so viele Jahre gewesen ist.

Wieder zu Hause, muss ich den Hund durch die Wohnung und in die Badewanne tragen, wie früher fast jeden Tag. Er liebt das Wasser draußen, aber die Passivität, die alle Pflegehandlungen von ihm verlangen, lässt ihn auch das Brausebad hassen. Dann wird er abgetrocknet. Viel erreicht man ja nicht bei dem langen Haar, aber einmal ist es Sommer, zum anderen habe ich seit Jahren ein patenteres Trockenverfahren. Ich lege ihn mit mehreren Laken, die immer wieder ausgetauscht werden, langsam trocken. Ein Kunstgriff, der Nickels Würde Rechnung trägt. Auf die Orgie folgt der Kater am nächsten Tag, der Muskelkater. Voller Schuldgefühl darüber, dass ich mich habe mitreißen lassen von seiner Lebensgier, entwickle ich mehrere furchtbare Hypothesen, warum der Hund am Morgen nicht aufsteht, sondern leise jammert, wenn man ihn anfasst. Am darauf folgenden Tag ist der Kater vergangen.

Natürlich gibt es keine Wunder. Als wir wenig später wieder im Tiergarten sind, unter denselben Rahmenbedingungen, kommt es zwar auch wieder zum Rennen, Graben und Revierabstecken, den größten Teil der Zeit verbringt Nickel aber im Schatten eines großen Baumes, wo er mich im Auge und das Leben im Park im Überblick hat. Er tut manches sozusagen pro forma, wie er eine Ehrenrunde schwimmt, ehe wir den Park verlassen und zum Auto zurückgehen. Früher musste man hier mit viel Energie zum Aufbruch mahnen, notfalls zum Gewaltmittel der Leine greifen, so erfinderisch war er im Ausdenken von Verzögerungen.

Einem Cockerspaniel gehören ab und zu die sog. toten Haare vom Kopf gezupft. Dafür gibt es ein Spezialmesser, das uns neben anderen Utensilien und vielen guten Ratschlägen schon der Züchter am 25. Mai 1973 verkauft hat. Wenn es Nickel schlecht geht, unterlässt man solche kosmetischen Operationen wie alle anderen nicht unbedingt nötigen Pflegehandlungen. Um den Preis, dass der Hund ein bisschen verwahrlost aussieht. Es stellt sich heraus, dass ich die in 14 Jahren nie benutzte Drahtbürste jetzt doch gebrauchen kann, weil sein funktionelles Fell – es ist notfalls sogar für Dornenhecken richtig eingerichtet – in der Wohnung und auf der Straße überflüssig wuchert. Ab und zu fasse ich mir dann ein Herz und putze Nickel, der sich sofort in ein anderes Zimmer verziehen will, wenn er die Bürste in meiner Hand sieht. Weil wir nun doch zur Documenta fahren wollen, bade ich den Hund sogar, und Herr Rutschky zupft ihm den Kopf, sodass der rassetypische Madonnenscheitel wieder schön zu sehen ist. Das verjüngt Nickel ungemein, der glatte Kopf und das propere Aussehen, ganz im Einklang mit der Überzeugung von Frau R. in S., die wir besuchen wollen, dass dort, wo das Leben schon eher ein Hohlraum ist, eine appetitliche Fassade noch viel retten kann. Offenbar gilt das für Mensch und Hund.

Die Tage on the road verkraftet Nickel besser als befürchtet. Es kommt wieder zu einigen Episoden der rührendsten und natürlich nicht ohne Besorgnis beobachteten Selbstüberhebung, z. B. springt er in der Kasseler Karlsaue in den Küchengraben, der Kühlung, aber auch einer Ente wegen. In S. mache ich den bekannten Spaziergang am Bach, und Nickel besteht darauf, dass ich ihm einen Stock ins strömende Wasser werfe, das macht man hier so und war immer eins seiner schönsten Vergnügen. Nun gehört neben einigem Geschick auch viel Takt dazu, diese Bitte zu erfüllen; denn die Böschung ist steil und unwegsam, Nickel hat kein Tempo mehr und außerdem schlechte Zähne, die wehtun, auch öfter Entzündungen und Abszesse. Ich kann also nur ein mürbes Hölzchen an einer flachen und zugänglichen Stelle einen Meter weit in flaches, möglichst stehendes Wasser werfen, damit er ein Erfolgserlebnis hat. Das ist wieder eine Dreisatzaufgabe für die Liebe, wie ich sie früher auch gelöst habe, um ihm etwas beizubringen. Ich habe ihn gelehrt, was man tun muss, wenn man großen Hunger hat, und zwar über den Umweg des Wortes «Schüsselchen», das ist sein Futternapf. Wenn er ihn brachte, sollte er belohnt werden. Das Apportieren von Gegenständen aller Art, Bällen, Socken, Stöcken, Portemonnaies, war ihm ja bekannt, aber die Schüssel mochte er nicht tragen, bis mir ein Kunstgriff einfiel: Die verfremdet an die Wand gelehnte Schüssel konnte er plötzlich packen und vor meine Füße stellen. Bald handhabte er diesen Vorgang ganz selbständig, wenn ihm danach zumute war. Er ging einfach in die Küche, nahm die Schüssel zwischen die Zähne, ließ sie fallen irgendwo zwischen Küche und mir, legte sich davor und schaute. Dauerte es zu lange, gab er Laut.

Immer wenn ich mit Nickel unterwegs bin, in Stunden, wo es ihm gut geht, und an Orten unseres wilden, oft verbotenen Treibens, werde ich historisch und tieftraurig. Dieses Gespinst zwischen ihm und mir, das Achten aufeinander, die Bedeutungen, die wir Orten, Gegenständen, Situationen gegeben haben, all das wird plötzlich weg sein, schon jetzt sehe ich oft die Leere, die ich mit Erinnerungsbildern fülle, dort, wo er nicht mehr sein kann; z. B. unterm Kneipentisch: Unvermutet legte er den Kopf auf die Knie oder saß vor der Tür mit der Aufschrift «Toiletten», weil er durstig war und Wasser riechen kann wie ein Kamel.

Je eingeschränkter Nickels Leben verläuft, desto energischer beschäftige ich mich mit der Theorie. Von einer Reise soll Herr Rutschky mir lauter tierorientierte Geschenke mitbringen: zum Beispiel eine Kamelnase ist es und ein Polaroid, das eine zahme Berglöwin auf seinem Schoß zeigt. Ich kaufe Bücher und Postkarten zum Aufbau einer Sammlung. Beim Überfliegen der Zeitung entgeht mir nichts, was mit Tieren zu tun hat. Trotzdem passiert immer wieder etwas Neues. Seine Taubheit kompensiert Nickel durch erhöhte Wachsamkeit und Aufmerksamkeit. Auch beim Straßeüberqueren brauche ich keine Leine, weil der Hund, der früher auf Zuruf stehen geblieben und losgerannt ist, jetzt auf mein Handzeichen achtet. Öfter als früher sieht er nach mir, dreht sich um und streift durch die Wohnung, um seine Orientierung zu behalten. Manchmal hat er mich im Bad verschwinden sehen, aber den Moment verträumt, wo ich an ihm vorbei wieder zum Schreibtisch im Arbeitszimmer zurückgegangen bin. Da wartet er dann auf mein Erscheinen, bis ich hingehe, rufen nützt ja nichts mehr, und ihm zeige, wo ich bin. Neuerdings kompensiert er die fehlenden Abenteuer, indem er sich vor der Haustür, ehe wir wieder hineingehen, als Zerberus gebärdet. Nach links und rechts hält er Ausschau und bellt. Wenn sich jemand nähert, macht er kleine Ausfälle, und ich beruhige die Ängstlichen. Viele kennen ihn ja auch und wissen das Theater einzuschätzen.

Hin und wieder wird beschlossen, zu einem Check-up bei Dr. Cousin vorzusprechen. Vielleicht kann man ja doch hier und da noch etwas verbessern, ein neues Mittel ausprobieren; zur Beruhigung Nickel vor allem abhorchen lassen. Ein Humanmediziner teilt mir mit, dass Digitalispräparate zur Anregung der Herztätigkeit sehr umstritten sind, weil dieser positive Effekt durch die Gefäßverengung letztendlich wieder aufgehoben werde. Ich habe ausgerechnet, dass der Hund pro Monat für 40 Mark Medikamente braucht. Der Check-up im November macht mir klar, dass, je mehr Zeit vergeht, je weniger die Medizin für ihn tun kann. Die Eingriffe werden allmählich alle so gefährlich wie die Symptome, die sie beseitigen sollen. Ich ekle mich vor den Warzen, die Nickel bekommen hat. Man sieht sie zwar nicht, aber ich weiß es, und wo er kann, kratzt er sie sich blutig. Soll man mit der neuen leichten Narkose nicht doch den Zahnstein entfernen, der die Ursache für eine vermutlich sehr schmerzhafte Entzündung und den Geruch nach Kuhstall ist, der, wenn er nach Luft hechelt, besonders deutlich zu riechen ist? Soll man, soll man nicht, Dr. Cousin erklärt mir alles zweimal. Das Risiko ist doch zu groß, schon ob ich Nickel die Aufregung zumute, in die von ihm natürlich gehasste Tierarztpraxis zu gehen, prüfe ich jedes Mal.

Ach was, halte ich mich an meinen Hund, der im Einklang mit seiner biologischen Uhr lebt und dessen lebenskünstlerischer Minimalismus mich erstaunt. Immer wieder überrascht mich, dass er von einer unerschütterlichen Freundlichkeit ist, ja vielleicht der Zärtlichkeit zugeneigter als in jüngeren Jahren.

Von Frau Bafi zum Beispiel, die ich mit ihrem quadratischen Yorkshireterrier oft treffe, hätte er sich früher nicht anfassen lassen. Ich weiß immer noch nicht, wie sie wirklich heißt, kenne aber jetzt ihre Lebensgeschichte, in der geldgierige und gemeine Kinder sowie ein brutaler Ehemann vorkommen. Aber der Hauptpunkt ist, dass sie mir den Ausgang einer Prügelei erklärt, in die sie verwickelt war, nein, die sie vom Zaun gebrochen hat. Eine Hausnachbarin hatte sie mehrmals wegen ihres Hundes angemacht, vielleicht richtiger: Sie hat schlecht über ihn gesprochen. Während eines Wortwechsels habe sie dann diese Frau am Arm gepackt, sodass sie hingestürzt und sich ordentlich wehgetan habe. Für sie sei die Sache damit erledigt gewesen, aber die Nachbarin war zu einem Rechtsanwalt gegangen, kurzum, da kam sie nun grade her und hatte 100 Mark über den Tisch geschoben, ob reuig, gezwungen und mit Schlimmeren bedroht, das erfahre ich nicht, weil Nachfragen bei solchen Erzählungen nicht gestattet sind. Frau Bafi verstehe ich immer schlecht. Ist sie gestört oder bloß doof? Unterschätze ich wieder einmal das Bildungsgefälle? Sie sieht sehr proper aus, schminkt sich sehr gekonnt und kleidet sich geschmackvoller, als es in unserer Gegend hier üblich ist. Ein durch Alter, Einsamkeit und Neigung verschärfter Fall von Hundewahnsinn? «Bafi ist heute nicht dabei», informierte sie ihren

Terrier, mit dem sie einen tadellosen Rapport hat. Mit Bafi meint sie trotz mehrfacher Aufklärung Nickel. «Nickel, wissen Sie, mit einem L am Ende. Das ist so ein friesischer Name, Nickel.» – Einmal hat sie es versucht: «Aha, Nicki! Na, Nicki?» Ungefähr so, und dann ist sie wieder zu Bafi zurückgekehrt; denn Bafi hieß ihr Cocker, und der sah doch ganz genauso aus wie (Nickel).

7. Kleine Namenkunde – Kupfer ist heilig

Schon Nickel ist es oft passiert, dass Leute, die mich rufen hörten, erstaunt nachfragten, weil sie dachten, sich verhört zu haben. Dabei handelt es sich bei «Nickel» um einen in der friesischen Inselwelt noch bekannten, obwohl altmodischen Männernamen. «Wie heißt der Hund, Nicki?» Das diminuitive I am Ende hätte für den Normalverbraucher den ansonsten unerhörten Namen noch akzeptabel gemacht. Kleinere, niedliche oder auch einmal größere, dann allerdings weibliche Tiere enden sehr oft mit einem I. Aus meiner Bekanntschaft nenne ich Susi, Daisy, Teddy und Brandy – die Erste ein Scotchterrier, die nächsten beiden Langhaardackel und die Letzte eine sehr temperamentvolle junge, so genannte Kampfhündin.

Noch viel mehr Verwunderung als Nickel hat Kupfer mit

seinem Namen erregt. Als praktikables Erklärungsmuster hat es sich bewährt, auf die Einmaligkeit des Namens hinzuweisen. Wenn ich Kupfer rufe, weiß er, dass nur er gemeint sein kann und sich entscheiden muss, ob er meiner Mahnung, meinem Kommando oder meiner Bitte gleich oder erst beim siebten Mal nachkommen will. Die offizielle Erklärung seines Namens liefert natürlich nur die halbe Wahrheit. Mehr noch als bei der Wahl eines Kindernamens hat der Hundehalter die Freiheit, seiner Phantasie, seinen Träumen und Erwartungen Ausdruck zu geben.

Herr Rutschky und ich neigen hier zu grundsätzlichen Konzepten. Ein Hund darf nicht wie ein Mensch heißen, lautet der erste Grundsatz; deshalb kommen Namen wie Percy (vgl. Thomas Mann, Herr und Hund) oder Otto und Bruno nicht infrage, auch Meier oder Schröder fallen aus, die ich auch schon erlebt habe. Nicht, weil wir die hierarchische Unterscheidung von Mensch und Tier befestigt sehen wollen, sondern ganz im Gegenteil, weil wir glauben, dass die Vergabe unmodischer Menschennamen an Hunde immer mit einer abscheulichen Ironisierung des Tieres einhergeht. Der zweite Grundsatz: Der Name muss nicht bloß originell im Hinblick auf andere Hundenamen sein, sondern so treffen, dass der Hund mit ihm eins ist, von Anfang an. Lange, ehe Nickel Wirklichkeit war, hieß er Nickel; denn der Name war uns an der Nordsee in den Ferien aufgefallen, während gleichzeitig ein fremder roter Cockerspaniel die Leerstelle, die ich seit meiner Kindheit unter der Überschrift «Hund» mit unklaren Wünschen gefüllt hatte, mit dem anmutigsten Gewusel belebte. Es gab Nickel, ehe aus frisch examinierten Studenten dann auch noch Inhaber einer halbwegs seriösen Wohnung geworden waren, aber dann war er da, als hätte er schon lange darauf gewartet, zu uns zu kommen. Ich will nicht verschweigen, dass die Leute, von denen wir ihn ganz profan für siebenhundert Mark kauften, Impfungen, Leine, Körbchen inklusive, sehr enttäuscht waren, dass wir seinen ordentlich verbrieften Zucht- und Stammnamen «Dino vom Wolkenschloss» verschmähten und in seinem Pass gleich notieren ließen «genannt Nickel». Immerhin hatte er ja Eltern, die bemerkenswert waren. Der Vater war ein Champion, den man zu höheren Zwecken aus England importiert hatte, und diese bedeutende Herkunft wurde mit unserer Namensgebung ja unkenntlich gemacht. Was der «Gotha» ist, das deutsche Handbuch des eigentlich internationalen Adels, weiß ja niemand mehr, aber in Kreisen der Hundefans und Züchter hat er schon lange eine würdige Nachfolge in den Büchern gefunden, welche die Herkunft eines Rassehundes bis ins x-te Glied zu verfolgen erlauben. Anders, und vielleicht besser als beim menschlichen Adel, werden Hunde allerdings nach modernen Gesichtspunkten wie Leistung, Schönheit und Gesundheit in diese Bücher aufgenommen oder abgelehnt.

Sechzehn Jahre später, nachdem ich mich in einem Prozess exzessiver Trauer zur Konzeptualisierung von Kupfer endlich doch berappelt hatte, tat uns Kupfers Ziehmutter den Gefallen, den Welpen «Ismo von Jägermeisters» schon mal «Kupfer» zu rufen. Herr Rutschky hatte angeregt, eine plausible Genealogie zwischen dem Neuen und dem, ach, so schmerzlich vermissten Nickel zu stiften, auf dem Weg der Namensgebung. Meine Idee, Nickels Nachfolger als Nickel II. zu führen, hätte mir und dem neuen Hund noch mehr Probleme gemacht, als ohnehin schon zu gewärtigen waren. Der Name Kupfer dagegen suggerierte zwar eine Nachfolge – Nickel ist ein Metall wie Kupfer –, gestattete dem Neuen aber doch von Anfang an, ganz unverwechselbar zu sein. Natürlich wurde er trotzdem dauernd verglichen, und zwar zu seinen Ungunsten. War er nicht viel, viel unintelligenter als jener, womöglich sogar dumm?

Obwohl man sich bei Namen, vor allem im Fall nötiger Namensgebung, viel denkt, sind Namen semantisch leer. So wenig, wie Aristoteles so heißt, weil er ein griechischer Philosoph war, so wenig heißt Kupfer Kupfer wegen irgendwelcher Eigenschaften, an die wir bei der Taufe gedacht haben. Der Eigenname macht, dass Kupfer nicht so heißt, sondern Kupfer ist. Auch in einer anderen Welt als der unseren wäre Kupfer Kupfer und niemand anderes. Sollte also beim Jüngsten Tag Gott auch die Hunde aufrufen, wüsste Kupfer wie jede Seele, dass er vortreten muss, wenn sein Name genannt wird. Wenn schon Jüngster Tag, dann bitte nicht ohne Nickel und Kupfer und Jettchen und Lottchen, die Katzen.

Ich verdanke diese ansprechende Theorie, wenn auch nicht die frommen Weiterungen, einem philosophischen Werk, das sich mit dem Status der Eigennamen und ihrer Bedeutung für gewisse Probleme der Erkenntnistheorie befasst: Saul A. Kripke: Name und Notwendigkeit. Übersetzt von Ursula Wolf, Frankfurt am Main 1981. Das Buch selbst habe ich nicht gelesen – dazu bin ich nun selbst zu dumm, aber der Klappentext hat mir sehr zugesagt. Im Unterschied zu älteren Theorien über den Status von Eigennamen, bei denen Attribute, sinnreiche Zuschreibungen usw. eine Rolle spielen, weist Saul A. Kripke nach, dass Eigennamen starre, gewissermaßen willkürliche Bezeichnungsausdrücke ohne Inhalt sind. Das hört sich richtig herzlos an – Namen sind Schall und Rauch –, meint aber genau besehen das Gegenteil, nämlich, dass, wer einen Eigennamen führt, irreduzibel einmalig ist. Ist die Referenz – dieser Cocker heißt Kupfer, dieser Philosoph Aristoteles – einmal festgelegt, dann tra diert die Kommunikationsgemeinschaft der Philosophen oder der Hundeinhaber dieses Objekt so, dass es in dieser und auch in «allen möglichen Welten» so unverwechselbar bezeichnet bleibt.

Aha, deshalb habe ich skeptisch auf den Hundehalter reagiert, der seinen Hund «Cane» (italienisch für «Hund») rief und die Katzenhalter missbilligt, die ihre Katze «Katz» nannten, weil ihnen einen Namensverleihung an Tiere wohl als unzulässige Anthropomorphisierung der Tierhaltung erschien. Es ist bekannt, dass Forscher, die mit Tieren, auch Hunden, wissenschaftliche Experimente durchführen, ihnen keine Namen, sondern nur Nummern zuteilen. Um den Verstoß gegen die tief eingewurzelte Moral gegen Leidenszufügung und Tötung irgendwie auszugleichen und kontrafaktisch intakt zu halten, wird oft eines ausgewählt, mit Namen bezeichnet und als Kuscheltier durchgebracht ...

Zufall oder nicht, die Übersetzerin von Saul A. Kripkes bedeutendem Werk über die Eigennamen ist die Autorin eines ebenfalls einschlägigen philosophischen Werks über das «Tier in der Moral» (Frankfurt am Main 1990), das dankenswerterweise auch fachwissenschaftlichen Laien einigermaßen verständlich ist. Lässt sich nach dem Ende einer christlich fundierten Moral – Motto: Macht euch die Erde und alles, was da kreucht und fleucht, untertan – ein Tierversuch philosophisch begründen? Ursula Wolf meint nein, und hier kann ich ihr folgen. Weniger bei ihrem Plädoyer für den Vegetarismus. Gewiss kann sich der Mensch, wenn er seine Nahrungsaufnahme apothekerhaft kontrolliert und viele Sojaprodukte zu sich nimmt, vegetarisch ernähren. Vor Jahren hat mir auch mal jemand weismachen wollen, dass selbst Hunde, notorische Fleischfresser wie Katzen, sehr wohl vegetarisch durchzubringen seien. Aber wenn man täglich sieht, wie Kupfer sich auf seine Fleischmahlzeit stürzt und schon beigegebene Getreideflocken, geriebene Möhren und Petersilie, die ihm gut tun sollen, nur mitnimmt, oft aber auch aussortiert, dann kommen mir Zweifel. Andere Carnivoren wie Löwen, Tiger, Wölfe oder auch nur Otter und Störche erwähne ich als Problem für Vegetarier nur am Rande. Der Vegetarismus, insofern er dem Menschen immer noch eine moralische Führungsrolle andient, verkennt eben, dass auch der Mensch ein Tier ist, ein Fleisch fressendes. Statt Kupfer heißt es bloß Gudrun oder Jakob.

Wer Hunde züchtet, ist selten Philosoph vom Fach. Aber auch in Unkenntnis der Kripkeschen Theorie der Eigennamen haben Rassehundezüchter Regeln praktiziert, welche Namensgebung und Individualisierung ganz genau so unter einen Hut bringen, wie der Philosoph erst noch beweist. Ich entnehme dem «Deutschen Foxterrier-Stammbuch» aus dem Jahr 1931 folgende Vorschriften für die Namensgebung: «Es wird gebeten, die Namen der Welpen eines Wurfs mit demselben Anfangsbuchstaben beginnen zu lassen (z. B. Mohr, Muck, Meta, Mia vom Steinberg). Der Name eines Hundes darf nur einmal vorkommen. Der Stammbuchführer hat das Recht, Namen, die mehr als vier Silben haben, zurückzuweisen, ebenso andere, ungeeignete Namen. Den Namen vorgesetzte Titel wie Prinz, Prinzessin, Fürst, Graf etc., ferner Unterscheidungsziffern I, II, III wie Flock I, Flock II, Flock III sind unzulässig. Als Zusätze zu den eigentlichen Hundenamen sind nur eingetragene Zwingernamen zulässig – in allen anderen Fällen wird zwecks Unterscheidung von anderen Hunden gleichen Namens der Name des Züchters in Klammern angefügt, z. B. Flock (Müller) …» Im Unterschied zu den eigentlichen Hundenamen unterliegen die Zwingernamen hinsichtlich ihrer phantastischen Gestaltung keinerlei Einschränkung. Aber auch bei den Namen für die Foxterrier gab man sich 1931 sehr tolerant.

In den zwanziger und dreißiger Jahren war der Foxterrier, glatt- oder rauhaarig, ein ausgesprochener Modehund – so wie heute in bürgerlichen Kreisen der Golden Retriever und in allen anderen der so genannte Kampfhund in allen seinen Erscheinungsformen zwischen Pitbull und Mastino Napolitano. 4500 Namen von Foxterriern sind im Stammbuch von 1931 verzeichnet – eine Fundgrube für Namenstheoretiker und Mentalitätsforscher. Ich bescheide mich mit unsystematischen Impressionen und oberflächlichen Vergleichen des Namensinventars der Fox mit dem der 3000 Rassehunde, die neulich auf einer Berliner Ausstellung zu sehen waren. Wie bei einer Kunstausstellung gibt es einen dicken Katalog, der alle Hundewerke verzeichnet, ihre Züchter als Quasi-Urheber nennt und außerdem ihren gegenwärtigen Standort, sprich Besitzer, meldet.

1931 hat der Foxterrier entweder 1. einen traditionell hündischen Namen wie Strolch, Strick oder Strupp, der auch zur kleinen Hundeart, zu Fell und Wesen des Terriers zu passen scheint. 2. kann er einen Menschennamen führen wie Bea, Betty oder Bob. Es sind gewöhnlich Namen, die in der Menschheit gerade aus der Mode sind. 3. werden Hunde mit Namen bedacht, die a) klassische oder b) musische Interessen verraten. Im ersten Fall heißen sie dann Bachus oder Kassandra, im zweiten Kabale oder Toska. 4. kann der Hund von Leuten getauft werden, die überdurchschnittlich exzentrisch veranlagt oder versnobt sind. Ich greife das Beispiel der Berliner Terrierzucht «vom Grunewald» heraus. Der Herr Piesbergen, welcher sie betrieb, taufte seine Tiere Perücke, Purpur, Persönlichkeit, Pechdraht, Pechhütte, Pechfackel, Pechkranz, Polier, Pharao und Provinzial. 5. gibt es, wenngleich selten, direkt politische Hunde. Neben einem «Nazi von Saarlouis» ist mir eine «Demokratin aus dem Dachsbau» aufgefallen. 6. werden Hunde mit frei erfundenen Namen ausgestattet; dann heißen sie etwa Schnippe, Patsch oder Nuscha. Nun muss man sich zu diesen Eigennamen die in der Regel ja ebenfalls selbst gebastelten Familien-, d. h. Zwingernamen, hinzudenken. Oft entsteht dabei ein Minitext mit Maxiaussage, gewissermaßen ein Hundehaiku, der einen blitzartig in die weite Welt, die Geschichte oder die Zukunft, vor allem aber in die Verliese des ganz normalen Wahnsinns blicken lässt. Ist mit «Green Think Lanzersfreud», «Greenhorn Lanzersfreud» und «Greenboy Lanzersfreud» schon Bündnis 90 / Die Grünen oder gar Greenpeace angedacht? Ein gewisser Erich Hohoff aus Soest besaß 1931 die Weitsicht, einen Foxterrier «Handy» zu taufen.

Interessant ist auch, wie sich alter Menschenadel in puncto Namenserfindung abstrampelt, weil ihm allzu klar ist, dass die Zukunft des aristokratischen Gedankens bei den Tieren liegt, und seien es kleine Foxterrier, und nicht bei den Menschen. Und diese sind ja als «Promenadenmischung» meistens am edelsten und schönsten. Jedenfalls hat eine gewisse Prinzessin Hildegard von Bayern, wohnhaft Wildenwart, Post Prien am Chiemsee, ihre elf Foxterrier 1931 Waldhilt, Wuguleus, Waldehildis, Wilboroda, Wahnfried, Wehwalt, Wellgunde, Wonnemond, Wallala, Woglinde und Wanda «von Wildenwart» getauft. Vielleicht ist dieser Katalog die Frucht vieler Freikarten für die Bayreuther Festspiele, mit denen der bayerische Hochadel freigebigst bedacht wurde, und ein Dank an den deutschen Dichter, Denker und Musiker? Objektiv ist natürlich die Vorstellung von elf auf wagner-germanisch alliterierenden Foxeln, noch dazu unter der Leitung einer Prinzessin, sehr komisch. Allerdings geht die Komik auf Kosten Wagners und der Prinzessin, nicht auf die der Hunde. Denn selbst wenn er «Wehwalt» oder «Wuguleus» heißt, ist ein Hund nicht komisch, so wenig wie irgendein anderes Tier, sondern tragisch, weil es sich nämlich unschuldig in einer evolutionären Sackgasse verlaufen hat und der Mensch mit ihm machen kann, was er will. Nicht dass der Mensch an sich besser oder dem Tier überlegen wäre – er hat nur die besseren Karten. Und sind Sieger leicht vulgär, wenn sie übermäßig triumphieren, dann sind Verlierer, wenn sie nicht heulen und klagen, romantisch und unendlich viel interessanter als die Gewinner. Auf diesem Umweg erkläre ich mir, dass selbst Hunde, von dummen Menschen mit albernen Namen belastet, Hunde bleiben ... Hätte ich die elf W-Foxel der bayerischen Prinzessin je getroffen, ich wäre ganz bestimmt von ihnen begeistert gewesen.

Sei's drum. Vergleiche ich die Benamung der Terrier im Jahr 1931 mit dem, was der Katalog der jüngsten Rassehundeausstellung über Namen mitteilt. Einesteils habe ich den Eindruck, dass der Prozentsatz der Leute zugenommen hat, die imstande sind, nicht nur über andere, sondern auch über sich selbst zu lachen. Eine Bordeaux-Dogge ist zum Beispiel «Al Capone» und ein Mastiff «Excalibur» getauft worden. Es handelt sich hier um Hunde, die im Volksmund unter der Überschrift «Kampfhunde» firmieren. Sie sind recht groß und sehr gewichtig, verglichen mit Kupfer, aber auch mit anderen, in Deutschland lange eingeführten Kampfhunden wie Rottweilern oder Dobermännern. Die Besitzer, Kinogeher und Anhänger des Hollywood-Films, kokettieren offenbar mittels Namensgebung nicht nur mit ihren Filmkenntnissen, sondern gleichzeitig auch mit einem Publikum, das über Kampfhunde informiert und seinerseits auch schon im Kino war. Weil 1931 die hohen Weihen der Hundezüchtung noch in England erteilt wurden, dem traditionellen Zentrum des ausgepichten Rassekults, gab es auch eine Reihe englischer Namen im Stammbuch der Foxel, der nationalen Verengungen ungeachtet. Gar nicht wenige hießen damals Jack, Jimmy oder Jonny, bei den Damen Cherry, Daisy oder Lady. Heute sind Hunde- und Zwingernamen viel öfter anglisiert und amerikanisiert, was mit dem Prestige der Züchter in England und den Vereinigten Staaten nicht unbedingt noch etwas zu tun hat. Englisch ist die lingua franca der Gegenwart, die Sprache der Jugend, von Pop und Medienkultur, die sich auch bei Hundetaufen und Zwingernamen durchgesetzt hat. Außerdem gewinnt man bei der Prüfung des neuen Namensinventars auch den Eindruck, dass an die Stelle der nationalen Borniertheit, des putzigen Wurzeltums und einer oft zwanghaft durchgeführten Exzentrizität ein gewisser Wille zum Luxus und zur Verschwendungssucht getreten ist. Keine Hundehaikus mehr, die an dies und das denken lassen, sondern wuchernde, grenzenlose Fantasy.

Der Foxterrier ist kein Modehund mehr. Überhaupt beherrscht keine einzelne Hunderasse mehr so die Öffentlichkeit wie früher; denn es gibt zu viele, unter denen sich die Leute eine auswählen können, ohne negativ aufzufallen. Es ist wie bei Klamotten: An die Stelle des Modediktats ist der Trend getreten, und der wird nicht zentral organisiert, sondern spult sich aus Gruppen ab, die sich genauso vermehrt haben wie die Hunderassen. Trotzdem kann man behaupten, dass der Parson Jack Russell Terrier, den ich vor weniger als zehn Jahren noch für einen mickrigen, unansehnlichen Mischlingshund gehalten habe, in gewissen Kreisen modisch geworden ist. Wie heißen diese kleinen, schwarz-weiß gezeichneten Tölen (pardon!) auf kurzen Beinen, die in besseren Kreisen als herrlicher Urhund durchgehen? Von feinster

Rasse sein und als Promenadenmischung für den Normalverbraucher erscheinen – ist das nicht der Gipfel des Snobis-
mus, des Understatements und der Illusion, dass Hunde keinesfalls überzüchtet sein dürfen, sondern über möglichst
viele natürliche Eigenschaften verfügen müssen? Diese
Hunde sind besonders teuer und sie haben besonders fantas-
tische Namen. Auf der großen internationalen Ausstellung
waren 250 Hunderassen und 3000 Hunde vertreten. Zehn
davon Parson Jack Russell Terrier. Sie hießen: Paramounts
Clinton vom Eckhof, Almighty Fun of Sweet Surprise,
Dagaholic Barberella (!), Daylight of Sweet Surprise, Paramounts Cherry vom Eckhof, Paramounts Curley vom Eckhof, The Hunters Early Else, Tammy Best Buddies Charming Crispy, Amsel vom Zitadellenturm (namensmäßig die
Hemdbluse aus Baumwolle zwischen lauter «Tops»), Red-
nock Myown Treasure (!). Parson Jack Russell Terrier, die
hierzulande in gewissen Kreisen als herrliche Spezialität von
nobler Herkunft gehalten werden, gelten in England als
«Kampfhund» der wenig Begüterten und genießen kaum
Ansehen.

Sicher, seit ich Hunde kenne, weiß ich, dass die meisten,
die auf Hundeschauen auch nicht in Erscheinung treten, dann
doch mit Namen wie Susi, Blacky, Rex oder Tanja durchs
Leben gehen. Über snobistische und extravagante Namen im
korrekturbedürftigen Englisch möchte ich mich aber trotzdem nicht wirklich mokieren. Wenn der liebe Gott am Jüngsten Tag auch die Hunde aufruft, dann wird es bei dem Ruf
«Susi» oder «Rex» ein grauenhaftes Durcheinander geben,
ein Gedrängel und Geschubse, des Tages ganz und gar un-
würdig! Anders, wenn Gott «Tammy Best Buddies Charming
Crispy» zu sich zitiert. Schwups steht sie vor ihm, die Hündin
vom Schlag der Parson Jack Russell Terrier, und schaut ihn

erwartungsvoll an. So wie es Hunde eben tun, wenn man sie ruft und ihnen Schönes in Aussicht stellt. Bist du hungrig? Willst du mitkommen? Wollen wir raus? Gehen wir ins Wasser? Siehst du, wer da kommt (Herr Rutschky, eine Verehrerin der Hundeheit, die selbst keinen Hund hat, Herr Höge, Dr. Sabine Vogel oder sonst ein Mensch, der Kupfer viel bedeutet)?

Ich mag eine gewisse Überschwänglichkeit und Neigung zur Angeberei bei der Namensgebung nicht verurteilen. Einesteils im Hinblick auf den Jüngsten Tag. Auch Hunde möchten wissen, ob sie, und niemand anders, gemeint ist. Andernteils indiziert ein pretiöser Name mehr Sorgfalt seitens der Menschen, mit denen Hunde nun einmal seit vielen tausend Jahren verbandelt sind. Die Taufe muss stimmen.

Herr Rutschky hegt nach vielen Jahren immer noch einen gewissen Groll gegen einen Kollegen, der bei einer Vernissage den Junghund Kupfer mit Bier begossen und damit getauft haben wollte. So wie er heute noch in der Erinnerung allen Leuten grollt, die den längst verewigten Nickel beharrlich zu «Nicki» entwürdigt haben. Den Namen «Kupfer» kann man sonderbar, sogar unschön finden – aber Schindluder lässt sich mit ihm nicht treiben. Verplappern unmöglich! Kupfer ist Kupfer. Und Namen sind heilig.

8. An einem Tag wie jeder andere

Unweigerlich ist es der Hund, der den Anbruch des Tages ungeduldig erwartet und ihn nach Kräften zu forcieren versucht. Wo auch immer er geschlafen hat, morgens steht er neben dem Bett, trappelt auf der Stelle und lässt ein leises Miefen hören. So auch heute; denn Punkt 1 in seinem Programm lautet: Her mit dem Rest des Katzenfutters, das in der Nähe, aber in unerreichbarer Höhe auf dem Tisch platziert ist. Ist das Schälchen fast leer und die Vermutung begründet, dass die kiesätige Katze die trockenen Krümel jetzt ohnehin verschmähen wird, stelle ich es auf den Boden, und Kupfer schleckt es mit einem Gusto aus und ab, der von mehr als Hunger, der von Leidenschaft zeugt. Ich vermute hier zweierlei: Weil die Katze ihre Nahrung in winzigen Dosen, über Tag und Nacht verteilt, zu sich nimmt, sind ihre zwei Futterschalen praktisch nie leer, und dafür dürften auch Katzen selten, Hunde aber überhaupt nie Verständnis haben. Wo gibt's denn so was, ewig gefüllte Fressnäpfe, Kekse, Kaustangen, Schokoplätzchen im Überfluss und in Selbstbedienung? Nicht für den Hund, denkt Kupfer, aber für Katzen. Er hält es für die Wahrheit und für eine Gemeinheit, dass die Katze im Schlaraffenland gehalten wird, dessen Düfte er noch dazu deutlich von morgens bis abends in der Nase hat, während er sich mit einer Grundversorgung bescheiden und um jeden Happen extra kämpfen muss! Daher also die Leidenschaft, ja Wut, mit der er sich jeden Morgen der Politur von Lottchens Teller widmet.

Folgt Punkt 2, die Begrüßung. Das ist etwas, das der Hund mir beigebracht hat. Er schätzt es, wenn ich mich auf die Knie niederlasse, sodass er mir links und rechts seine Pfote auf die Schultern legen und seine Nase in mein Gesicht stecken kann. Ich fasse ihm unter die Schlappohren, kraule ihn ein bisschen, mache meinerseits einmal links, einmal rechts à la Begrüßung in sozialistischen Bruderstaaten und sage ein paar Worte, wenn ich noch dazu komme; denn im Unterschied zu mir ist Kupfer kein Morgenmuffel. Punkt drei: Er strömt in die Küche, um sein Frühstück in Empfang zu nehmen. So auch heute. Das fällt bei den Menschen aus Neigung und freiem Entschluss, beim Hund wegen unerforschlicher Ratschlüsse der Chefs recht spartanisch aus. Eine meiner ersten Handlungen in der Küche ist es, dem Hund frisches Wasser hinzustellen. Was das Wasser betrifft, ist Kupfer sozusagen ein Feinschmecker. Anders als Nickel, der in diesem Punkt gar nicht so empfindlich war, bleibt Kupfer lieber durstig, als abgestandenes Wasser zu trinken. Vergisst man, es alle paar Stunden zu erneuern, dann mosert er vor der Wasserschüssel in der Küche so lange und schließlich auch so laut, bis ich ihn in meinem Arbeitszimmer vernommen und Abhilfe geschaffen habe. Zum Frühstück bekommt er einen steinharten Spezialkeks, der weniger der Ernährung als der Pflege des Gebisses dienen soll. Feurig nimmt er ihn entgegen und trägt ihn dahin, wo der Morgenkaffee getrunken wird.

Ja, und da liegt er dann, den Keks zwischen den Vorderpfoten, und weiß irgendwie nicht weiter. So auch heute. Man muss sich ihm nähern und provozierend fragen: «Ist das denn dein Keks?» Und: «Lottchen, Lottchen» nach der Katze rufen, als ob sie ihm sein Eigentum streitig machen könnte oder auch nur von ferne daran dächte, es zu wollen ... Wenn das nichts hilft, so wie heute wieder, muss man Kupfer am Nackenfell packen und ein bisschen schütteln, worauf er in gräuliches Geknurr verfällt und den Keks endlich mit Behagen verknuspert. Als Cockerspaniel aus einer jagdlichen Zucht hat er eben eine Beißhemmung und muss, wenn es um Beute geht – der Keks fällt offenbar genauso in diese Kategorie wie ein Ei, ein größerer Knochen, ein Hase oder Federvieh –, mit Nachhilfe in Fresslaune gebracht werden.

Danach legt der Hund sich unterm Kaffeetisch oder unter meinem Sessel wieder schlafen. Wach wird er wieder, weil Herr Rutschky mit dem Joghurtbecher scheppert. Den schlappt Kupfer genüsslich aus, sogar dann, wenn es sich bloß um die Reste von Magermilchjoghurt handelt. Während der folgenden Morgenaktivitäten wird er immer aufgeregter, weil er weiß, dass er jeden Vormittag eine Stunde ausgeritten wird. Manchmal mehr, selten kürzer.

Heute war schon morgens klar, dass die Stunde, die ihm seit einem Beschluss zur richtigen Tierhaltung aus dem Jahr 1973 bestimmt ist, länger dauern würde; denn bei den geplanten Besorgungen würde der Hund nur Pflaster und keine Erde treten. Und das ist gegen die zweite Regel, die besagt, dass der Hund täglich Anspruch auf Erde und möglichst auch Wasser hat. Also musste ich ihm auf die Zeit, die für den Begleitservice draufgeht, noch eine halbe Stunde Umweg durch Parkgelände aufschlagen. Außerdem bahnte sich ein milder Vorfrühlingstag an, dessen verheißungsvolles Licht den freiberuflichen Heimarbeiter (also mich) zu dem leichtsinnigen Beschluss brachte: «Was ich jetzt nicht tue, kann ich ja bis spät in den Abend hinein nachholen …»

Kupfer und ich ziehen in Richtung Postamt und verlassen dabei sein täglich mehrfach genauestens kontrolliertes Revier. Aber auch jenseits von dessen Grenzen wird mein zügiges Streben vielfach gehemmt; denn es ist die Zeit, wo Hundedamen überall stimulierende Botschaften wegen Sex und Vermehrung hinterlassen. Über solchen Spuren kann Kupfer minutenlang träumen und sich so verfangen, dass man ihn fast nur mit Gewalt zur Fortsetzung des Ausflugs bringen kann. An einer Kreuzung mit Ampel muss ich ihn an der Halskette fassen, weil wir Rot haben und auf der andern Seite eine halbhohe Hündin auf und ab geht. Würde Kupfer zwecks Prüfung der Dame über die Straße rennen, obwohl ich ihm beigebracht habe, die Straße jenseits des Bordsteins nur nach ausdrücklicher Erlaubnis und Aufforderung zu überqueren? Vermutlich nicht, aber wenn Sex in der Luft liegt, will ich es nicht darauf ankommen lassen.

Natürlich ist Hunden der Zutritt in Postämter verboten. Mehrere Logos verweisen auf anderes, das auch verboten ist: Skateboard fahren, Betteln, Eis essen, Musik machen, Ball spielen, Baden und Plakate ankleben. Kein Trinkwasser! Betreten bei Schnee und Glätte auf eigene Gefahr! Lebensgefahr! Warmwasserzufuhr – Eisdecke nicht betreten. Ruhe bewahren, Anweisungen des Personals befolgen! Usw. usf. – die Stadt ist gepflastert mit Verboten aus einem Geist, der zwischen Willkür und Fürsorge für die Menschen, nie für Hunde schwankt.

Ich nehme Kupfer mit ins Postamt, obwohl es verboten ist, und bin bis heute auch noch nie von irgendjemandem korrigiert worden. Warum tue ich das? Obwohl mein Vertrauen in Hunde allgemein und in meinen speziell sehr gut entwickelt ist, habe ich Angst, ihn allein auf der Straße sitzen zu lassen, während ich anstehe, um Briefmarken zu kaufen. Das kann sich hinziehen, wie man weiß, und währenddessen könnte ein hübscher junger Hund, den ich durch zwei Glastüren um drei Ecken nicht im Auge behalten kann, geklaut werden. Das passiert sogar Babys, wenn auch selten, und ich weiß zuverlässig von zwei Fällen, wo ein Rauhaardackel vor einem Supermarkt und zum andern ein Yorkshireterrier vor dem eigenen Laden seiner Herrschaft von Unbekannten entwendet worden und nicht wieder aufgetaucht sind.

Das ist zwar viele Jahre her, aber diese Angstphantasie ist virulent geblieben bis heute, wo Kupfer ja nun wirklich nicht mehr als Junghund zu bezeichnen ist. Wie alt er ist, sieht man ihm aber auch nicht an, und seit dem Ende der Hochkonjunktur, seit der Wiedervereinigung etc. pp. ist an die Stelle der Phantasie vom Hundebabyräuber bei mir eine andere Phantasie getreten: Ein Alki oder Junkie oder sonst ein armer oder doofer Mensch könnte doch angesichts Kupfers leicht auf die Idee kommen, den schmucken Hund irgendwo gegen zehn Mark oder einen Sechserpack Bier einzutauschen! Um eine Erpressung der liebenden Hundehalter in Gang zu setzen und damit viel mehr Geld herauszuschinden, dazu ist der Alki oder Junkie viel zu desorganisiert. Von den Verhältnissen, die Virginia Woolf in «Flush» beschrieben hat, sind wir zum Glück weit entfernt. Die Geschichte von einem

Cockerspaniel, der der Dichterin Elizabeth Barrett-Browning (1806–61) gehört und den besten Teil ihres Lebens begleitet hat, vermeldet systematische Hundeentführungen und schlaue Erpressungen der upper class durch das kriminelle und tatkräftige Subproletariat, das es heute, dank wohlfahrtsstaatlicher Regelungen, so gar nicht mehr gibt. Das ist einerseits sehr schön, andererseits blüht meine Phantasie bezüglich einer möglichen Hundeentführung vor dem Postamt desto schlimmer. Alkies und Junkies, denen alles egal ist außer ihrer Sucht und der schnellen Mark, die sie befriedigt, sind nicht nur außerstande, eine saubere Erpressung zu inszenieren, ihnen wäre auch der Hund völlig schnurz, den sie vielmehr an der nächsten Kreuzung achtlos seinem schlimmen Schicksal überließen, wenn er ihnen lästig würde und ein Käufer nicht in Sicht. Unterm Strich ergäbe sich also eine Mischung von Armut, Verwahrlosung und gedankenloser Brutalität, die Kupfer schwer schädigen, vermutlich sogar zu Tode bringen würde.

Andere Hundehalter werden von anderen Angstphantasien geplagt. Eine der verbreitetsten ist die Vergiftung durch Köder, die ein radikaler Hundefeind auslegt. Öfter haben mir Leute erzählt, dass ihr Hund eine solche infame Attacke nur knapp überlebt hat; noch öfter haben Leute um zwei Ecken von diesen Fällen auch nur gehört, und deshalb achten sie genau darauf, dass ihr Hund auf der Straße nichts aufnimmt und frisst. Bei liberaler Tierhaltung ist das eine fast unmögliche Aufgabe, weil die mobile Stadtbevölkerung so viel und gern auf der Straße isst und Reste oft am Bordstein entsorgt, also gerade da, wo ein Hund mit Vorliebe entlangschnürt.

Ich bin deshalb sehr froh, dass es mir durch den Einsatz einiger plausibler Hypothesen gelungen ist, diese in der

Hundegemeinde flottierende Vergiftungsangst halbwegs unter Kontrolle zu halten. Hunde im Allgemeinen und Cockerspaniel im ganz Besonderen haben eine hochfeine Nase, von deren Leistungsfähigkeit sich ein Mensch beim besten Willen keine Vorstellung machen kann. So geriet ich einmal auf dem Mailänder Flughafen ganz ernsthaft ins Visier der Rauschgiftfahnder dort, weil ihr Schäferhund von meinem Koffer einfach nicht wegzubringen war. Bitte schön, signalisierte ich dem Hundeführer, tun Sie Ihre Pflicht! Nach heute herrschender Meinung muss ich mich zwar zu den Drogenabhängigen rechnen (Nikotin und Alkohol), aber andere Stoffe habe ich nicht einmal in meiner Jugend auch nur probeweise zu mir genommen. Nur zu, kontrollieren Sie, mein Gewissen ist mit dem, was Sie suchen, jedenfalls nicht belastet. Der Hund hatte inzwischen auch meinen Mantel gründlich beschnüffelt, und das zündete den richtigen, auch die Fahnder überzeugenden Einfall: «Il mio cane! La mia gatta!» Mein Koffer hatte zwei Tage in der Wohnung aufgeklappt herumgelegen, und was Koffer bedeuten, ist den Haustieren wohl bekannt. Die Katze setzt sich hinein, als ob ich sie mitverpacken sollte. Sie ahnt mein Verschwinden. Der Hund bezieht daneben Posten. Er ist schon öfter verreist als Lottchen und bekundet sein Interesse, auch diesmal mit auf Tour zu gehen. So ist es wohl dank dieser Kofferbelagerung zu einer so bemerkenswerten Duftmischung gekommen, dass auch ein gebildeter Polizeihund der Versuchung nicht widerstehen konnte, abseits seiner Dienstpflichten der Sache einmal nachzugehen. Ein sympathischer Hund!

Ein auf Rauschgiftfahndung trainierter Cocker hätte diesen Fehler, wenn es denn einer ist, vermutlich nicht begangen; denn seine Nase ist noch feiner als die eines Schäferhundes. Trotzdem kann er die Polizeilaufbahn – es ist versucht worden – nicht einschlagen, weil nämlich der feine Geruchssinn mit einem Nervenkostüm einhergeht, auf dessen Irritierbarkeit und Ansprechbarkeit wohl der Cockerfan, aber nicht die Polizei erpicht ist. Warum sollte also mein Hund – und damit bin ich wieder bei den Denkstrategien gegen die allgemeine Vergiftungsangst – unterwegs auf Giftköder oder andere Fressalien hereinfallen, die ihm nicht gut tun? Ein Rest von Angst bleibt natürlich immer, und es gibt schon Tage, wo ich gegebenenfalls auf Kupfer stürze und ihm, von Sorge bewegt, irgendwelche dubiosen und Ekel erregenden Dinge aus dem Maul reiße, was er sich auch gefallen lässt; denn Hunger treibt ihn ja nicht, eher wohl gewisser Appetit auf eine Portion Dreck, hin und wieder.

Nach diesem Exkurs in die tägliche Angst und Angstbewältigung des Hundemenschen, die mich treibt, Kupfer im Auge zu behalten, komme ich jetzt zu einem weiteren Grund für das Ignorieren prohibitiver Logos, zum Beispiel auf der Post. Es ist ein politischer oder könnte doch so verstanden werden. Was oder wem schadet es, wenn ich das Verbot übertrete und meinen Hund in die Amtsräume mitnehme? Verbote dieser Art haben es an sich, die schlimmsten aller möglichen Szenarien in deplazierter Fürsorglichkeit zum Ausgangspunkt für die Absicherung des Alltags zu machen, den es nicht mehr gäbe, wenn man sie so ernst nähme, wie sie daherkommen. Ich muss wie jeder Mensch mit Hund, aber auch jeder andere darf sich als Betroffener fühlen, mit meinen Angstphantasien zurechtkommen. Das moderne Leben, schon gar in der Metropole, ist schön, verlangt jedem aber eine Menge an zivilisatorischer Selbstkontrolle ab. Gut wäre es, wenn Ämter, Bürokratien, ja auch der so genannte Gesetzgeber, dem Niveau der Bürger endlich nacheiferten. Wundersam war die Begegnung mit der Dame auf dem

Finanzamt seinerzeit, als ich Kupfer dort anmelden, eine Steuernummer und eine Hundemarke in Empfang nehmen wollte – natürlich in Begleitung meines Tieres. Die Atmosphäre des Amtsgebäudes ist mit weitläufig, einsam und still gerecht umschrieben. Nicht dass Kupfer, vier Monate alt, auf der «Hundesteuerstelle» Krach geschlagen hätte! Aber sehr spitz wies mich die Dame doch darauf hin, dass Hunde hier wegen Schmutz verboten seien. Mein Hund schmutzig? Nicht schmutziger als ich und viel gesünder, rundum tierärztlich betreut, entwurmt, geimpft, entfloht wie jeder Stadthund und völlig firm, selbst in einem Krankenhaus – im Unterschied zu normalen Besuchern – als eine Infektionsquelle durchzurutschen, die man vernachlässigen kann bzw. könnte. Stattdessen erfuhr ich neulich von einer Nachbarin, die als Logopädin Schlaganfallpatienten, behinderte und sprachlich defiziente Kinder schult, dass ein Hund in ihrer Wohnung mit den zwei Praxisräumen vom Gesundheitsamt strikt untersagt sei. Ihr Glück, dass sie Hunde selbst nicht mag. Hundehaltende Logopädinnen haben also gleichsam Berufsverbot, während Kupfer mich ganz legal in die Apotheke begleiten darf. Ich fürchte allerdings, dass Hinweise auf solche Inkonsequenzen auf dem Hintergrund einer generell irren Sicherheitsphantasie nicht zur Einsicht, sondern zu mehr Konsequenz führen werden …

Jetzt sind wir aber wirklich wieder ganz im Heute und auf dem Postamt. Eigentlich ist zwar auch das überflüssig, aber ich habe Kupfer angeleint, die Leine um einen Schemel geschlungen und mich in die richtige Kundenposition gebracht.

Da liegt er und schaut gespannt auf seine Umgebung und vor allem auf mich. Aus der Schlange der Wartenden winke ich ihm beruhigend zu. Heute, und genau besehen schon länger, vermisse ich bei meinem Postamt jenes punkige Straßenmädchen, das so lange mit seinem so genannten Kampfhund vor der automatisierten Schiebetür trotz des Verbots und mit Erfolg gebettelt hat. Wohin ist sie gegangen, was ist wohl aus ihr und ihrem Hund geworden? Es war eine Hündin, die jedes Mal von dem Mädchen energisch zur Ordnung gerufen wurde, wenn sie einen Ausfall gegen Kupfer versuchte.

Als Ersatz treffe ich heute auf die alte Frau mit dem klassischen Burberry-Schal, die ich gewöhnlich in Begleitung eines jüngeren und bebrillten Doofen mittleren Alters in meinem Viertel herumwandern sehe. Vor Kupfer schreckt sie ein wenig zurück, gibt sich dann aber damit zufrieden, dass er Sitz macht und sich nicht weiter um sie schert. Ganz offensichtlich hat diese alte Frau hier keine Postgeschäfte zu erledigen, sondern vertreibt sich die Zeit, und gern würde ich sie natürlich fragen, wo ihr Kompagnon geblieben ist. Ist es ihr Sohn? Manchmal radomontiert er furchtbar, ist laut und pöbelt aggressiv in unbestimmte Richtung – dann wieder ist er brav und fromm und still. Seit ich mit einem Hund unterwegs bin, gebe ich meiner Neugier mehr nach als vorher. Der Hund ist die Lizenz zum Träumen und Fragen.

Während ich nun endlich Briefmarken auf Kuverts kleben kann, hat Kupfer sich wieder einmal trotz Leine so ungeschickt wie möglich in medias res platziert. Er sitzt gern, wo etwas los ist und wo er den genauen Überblick über das Geschehen hat, falls etwas geschieht. Mir ist die Situation aus Cafés und Restaurants bestens bekannt. Im Postamt vor der Schwingtür umkurvt die erste alte Dame den Hund. Ich entschuldige ihn – er redet ja nicht und ist sich auch keines Fehlverhaltens bewusst – und vor allem mich in seinem Namen. Die alte Dame reagiert aber nicht verärgert, scheint vielmehr angenehm berührt von dem Kontakt mit Tier und Mensch: «Ist nichts passiert – ich bin schon vorbei», sagt sie. Da kommt schon die nächste alte Dame. Um diese Zeit trifft man auf dem Postamt, so scheint mir, in erster Linie Rentnerinnen, Sozialhilfeempfänger und ausländische Mitbürger, außerdem noch junge Leute, Studenten. Die zweite alte Dame steigert sich angesichts Kupfers – der nach wie vor die Tür blockiert – in eine begeisterte Suada, die mich völlig überrascht, weil ich ja im Prinzip auf dem Entschuldigungstrip bin. «Es sind doch herrliche Tiere, diese Spaniels!», entgegnet sie auf meine Entschuldigung, weil ja auch ihren Füßen mein Hund im Weg steht.

Herr Rutschky und ich haben nämlich nicht zuletzt im Verlauf unserer gemeinsamen Hundehaltung herausgefunden, dass freigebig verteilte Entschuldigungen, nicht Baseballschläger oder gar Schießwerkzeuge, die besten Waffen im städtischen Kleinkrieg der Menschheit darstellen. Und um Kleinkrieg kommen Menschen, die auf engstem Raum miteinander auskommen müssen, nicht herum. Wie überleben und wie siegen? Herr Rutschky und ich empfehlen Entschuldigungen vom Typ «blindlings», weil sie effektiver sind als die schönsten und begründetsten Rechthabereien. Wenn man sich, ohne nachzudenken, herzhaft entschuldigt und versucht, aus nichts eine Frage von Recht und Vernunft zu machen, sackt jeder Feind zusammen wie Schnee in der Mittagssonne. Noch schöner, er wird bekehrt.

Es kommt nicht darauf an, Recht zu haben, es kommt darauf an, passable Regelungen zu finden. Dann gehen potenzielle Bürgerkriegsinitiatoren auseinander und sind Freunde fürs Leben geworden – auch wenn sie sich nie wieder sehen.

Auf dem Postamt heute jedenfalls entpuppte sich die alte Dame, der Kupfer sich in den Weg gestellt hatte, als eine sehr bemerkenswerte Person. «Sechs Cocker habe ich gehabt, in allen Farben», ließ sie verlauten, während ich mich noch bemühte, Kupfer aus dem Weg zu schaffen. «Es sind doch herrliche Tiere, diese Hunde!», wiederholte sie sich. Natürlich begann ich nachzufragen und erfuhr, dass die alte Dame sage und schreibe 91 war. Ich konnte es kaum glauben! Wir gingen zusammen auf die Straße. Ich fragte, die Frau gab gern Auskunft.

Hatte sie Hündinnen oder hatte sie Rüden bevorzugt? Mit Ausnahme des Letzten habe sie immer Rüden gehalten und sei doch erstaunt gewesen, wie viel braver und anschmiegsamer die Mädchen offenbar seien. Wie viel Zeit sie im Grunewald mit ihren Tieren verbracht hatte! Nun habe sie ja keinen Hund mehr … Von ihrem Alter sprach sie nicht, sie erwähnte den Tod ihres Mannes, den Umzug in die neue Wohnung über drei Treppen ohne Fahrstuhl, während ich meine Briefe in den Kasten warf und gedachte, meiner Neugier noch ein wenig weiter nachzugeben, da war die alte Dame plötzlich verschwunden. War sie nach Art vieler alter Leute ängstlich und misstrauisch geworden, oder fürchtete sie, mir mit ihrer Redelust lästig zu fallen? Weil ich ein viel besseres Hunde- als Personengedächtnis habe, werde ich die interessante alte Dame nicht wiedersehen, selbst wenn ich sie treffen sollte. Schade um die Geschichten.

Nach dem Postamt bewegen Kupfer und ich uns auf die Kanalpromenade zu. Der Laufplan, der immer ein Kompromiss zwischen Hundebedürfnissen, Menscheninteressen und Arbeitsaufgaben ist, war wie immer in meinem Kopf genau aufgezeichnet. Kanalaufwärts gehen wir hin, kanalabwärts zurück. Vormittags ist die Promenade angenehm bevölkert, von Mensch-Hund-Gespannen aller Art, von Radfahrern, Müttern mit Kinderwagen und bei schönem

Wetter auch von Kindergruppen aus den benachbarten Kitas. Auf dem Rückweg könnte ich bequem den Antiquar und den Supermarkt ansteuern, und dazwischen hätte Kupfer auf der einen Kanalseite mit flachem Ufer Gelegenheit, ein paar Runden zu schwimmen.

Als Jagdhund speziell für Niederwild und Wasservögel steckt Kupfer die Lust am Wasser zu jeder Jahreszeit in den Genen. Erschwerend kommt wohl hinzu, dass Hunde, vom menschlichen Standpunkt aus gesehen, quasi chronisch febril sind. Gemeinverständlich ausgedrückt heißt das, dass Kupfer, obgleich er nicht so irre ist, so wassersüchtig wie sein Vorgänger Nickel, doch schon bei verhältnismäßig immer noch sehr frischen Frühlingstemperaturen sozusagen ins Schwitzen gerät. Viel verlangt er ja nicht, aber eine oder zwei Runden, um ein möglichst solides Holzstück aus dem Wasser zu apportieren und dann mit nassen, kühlenden Haaren weiterzulaufen, sind ihm doch sehr genehm. Werden ihm diese Schwimmrunden versagt, schleicht er sonst bald wie ein hinfälliger Greis oder wie ein nöliges Kind, dem man etwas verweigert hat und das einen nun mit ostentativer Unlust strafen will, hinter dem federführenden Hundemenschen her. Ich lasse es darauf schon lange nicht mehr ankommen. Bis auf Widerruf – man fährt damit am besten – ist ihm alles erlaubt. Soll Kupfer doch ins Wasser, sich beim Scharren und sonst wie mit Straßendreck einsauen, und zwar so sehr, dass ich ihn schon an der Wohnungstür aufnehmen und in die Badewanne tragen muss, um in einer ohnehin hunde- und katzengerechten Wohnung das Allerschlimmste zu vermeiden! Ein langhaariger Hund, und den wollte ich ja schließlich haben, sammelt aber auch ohne Schwimmübungen bei schlechtem Wetter so viel Schmutz auf, dass man getrost immer fünfe grade sein lassen kann. Mit pädagogischer Willkür, welcher der Hund, wenngleich mit Erstaunen, fast jederzeit entsprechen würde, macht man sich ja nur lächerlich. Manchmal gebe ich Befehle vom Typus «pädagogische Willkür» und ordne an, dass das Wasser heute verboten und dass überhaupt jetzt Schluss ist mit diesem und jenem. Wenig später genier ich mich schon wegen des Theaters. Zum Glück nehmen Hunde einem Anfälle von Prinzipienfestigkeit nicht übel. Und Kupfer setzt sich willig vor der Wohnungstür nieder, wenn er etwa ahnt, dass heute wieder die Brause ertragen werden muss. So renitent, wie er sonst sein kann, die Säuberung mit Wasser in der Badewanne und das anschließende Trockenreiben mit einem Haufen Handtüchern lässt er wie ein Lämmchen über sich ergehen. Man muss aber genau darauf achten, dass das Wasser aus der Brause wirklich nur ganz lau ist. Ist es zu warm, fängt der Hund an zu miefen.

Das Trockenreiben mit den vielen ausgemusterten Frotteehandtüchern macht uns beiden dann mehr Freude. Kupfer weiß, dass er aus dem Bad in die Küche strömen kann und dort seinen Fressnapf wohl gefüllt vorfinden wird. Ihm grüßt die Hauptmahlzeit herüber, weshalb er meine Trocknungsmaßnahmen endlich doch mit merklicher Ungeduld, aber nicht unlustig über sich ergehen lässt. Mehr als das Abbrausen, bei dem ich mir jede Pfote extra vornehmen und auch das Bauchfell und die Ohrspitzen nicht auslassen darf, sind das Abtrocknen und nachdrückliche Rubbeln eine genau besehen recht erotische und verdächtige Angelegenheit. Wer keinen Schmutz anziehenden langhaarigen Hund kennt, kann sich vielleicht gar nicht vorstellen, was für ein Gefühl das ist, die Pfotenglieder, den Brustkorb, die Ohren mit einem Handtuch zu bearbeiten, während einen so ein Hundevieh ebenso intensiv wie unergründlich anblickt. Natürlich haben wir es hier streng genommen mit Pflegehandlungen zu tun, für die ich mir Zeit nehme, weil ich die Lebensäußerungen meines Hundes nicht einschränken will; andererseits kommt es mir so vor, als ob ich die Schmutzträchtigkeit des Cockers auch wegen der daraus folgenden Handlungen erotischen Inhalts mit so viel Großmut und Aufopferung akzeptiere. Über Tierliebe an anderer Stelle mehr – hier nur so viel: Mit der Berührung eines warmen, befellten und behaarten Tieres hat man die Hälfte aller Unkosten schon eingespielt.

Zurück zu meinem Spazierplan an jenem Vorfrühlingstag. So halbwegs haben Kupfer und ich ihn verwirklicht. Aber was wir zwischendurch alles erlebt haben! War das wirklich ein Tag wie jeder andere, oder war es ein Tag der Sensationen?

Auf dem Weg zur Kanalpromenade, vorbei an einer langen Kaufhausfassade und quer durch einen Parkversuch, ein Stück Grün zwischen Häusern und Straßen, treffen wir einen kleinen weißen Hund. Man beschnüffelt sich, und das war's dann. Die Suche nach Fritten und anderen Überresten aus der Umgebung der Imbissbude beschäftigt Kupfer mehr als der kleine Mischling. Vielleicht wittert er aber auch in diesem Miniwaldstück zwischen Straße, Imbissbude, Bürgersteig und Fahrradweg Ratten, Kaninchen oder sogar aufregende Hündinnen. Ich habe mich mehr oder weniger damit abgefunden, dass so ein Hund schnüffelt und schnüffelt und schnüffelt an Stellen, an denen unsereiner nichts, aber auch nichts, sieht, geschweige denn riecht. Der Hund ist Experte für ein Sachgebiet, das Menschen verschlossen ist und bleiben wird. Man kann eigentlich nur irgendwie am Rande Anteil nehmen und vielleicht auch etwas lernen, ganz genau so, wie wir als Experten in unserer arbeitsteiligen und hochdifferenzierten Gesellschaft von anderen Experten auch lernen können. Mal ist der Hund Kriminalist – wenn er die Spuren seiner Feinde beschnüffelt –, mal könnte man sich das Viech auch als Broker vorstellen, das Markt- und Verkaufschancen im Auge hat. Manchmal ist er vielleicht auch Lehrer oder Psychotherapeut, wenn er Spuren deutet oder größere Veränderungen im Kiez registriert. Kupfer bellt, dann scharrt er auch. Was sind das alles für Kommentare, und wer nimmt sie auf?

Nach der alten Dame mit ihren vergangenen Hunden aus dem sympathischen Cockergeschlecht treffen wir heute jedenfalls auf einen dünnen jungen Mann in Begleitung einer potthässlichen, großen Mischlingshündin. Ihr Kopf ist klein und schmal, ihr Leib hoch und breit, die Beine lang. Sie ist nicht hässlich, weil sie dick ist, sie ist hässlich, weil die Proportionen nicht stimmen. Sie sieht aus, als wäre sie aus wenigstens drei inkompatiblen Baukästen zusammengesetzt. Kein Fell, keine langen Haare verbergen oder umschmeicheln diese horrible Kombination. Ästhetisch gesehen lässt man wuschligen, langhaarigen Hunden mit dickem Kopf ja viel mehr durchgehen als kurzhaarigen mit kleinen Ohren und spitzer Schnauze wie im vorliegenden Fall. Ich liebe alle Hunde und werfe mich für jeden ins Zeug, wenn es darauf ankommt, aber die Unterscheidung von schön und hässlich lasse ich mir nicht nehmen. Es gibt schöne und es gibt hässliche Hunde. Beweis: Abzüglich der Geschmäcker, die verschieden sind, gibt es nicht wenige Leute, die sich ganz bewusst für hässliche, ja verunstaltete und verkrüppelte Tiere entscheiden und sie womöglich noch mehr lieben als unsereiner seinen feinen Rassehund.

Ich möchte nicht ausschließen, dass der junge Mann mit seiner bemerkenswert hässlichen Hündin zu dieser Spezies Hundehalter gehört; denn die Form und die Intensität der

Auseinandersetzung, in die ich als teilnehmende Beobach-
terin mich später auch einmischte, zeugten auf Seiten des
jungen Mannes von mehr als Ungeduld, Unwissenheit und
Ungeschick, die mich sonst bei der Beobachtung mancher
Mensch-Hund-Gespanne so leicht nervt. Angenehm war mir
aufgefallen, dass der Junge den Hund nicht an der Leine
führte, sondern ihm die Freiheit der Bewegung gestattete und
sich auf den Rapport verließ. Vielleicht tat er hier des Guten
sogar zu viel, denn die Hündin blieb weit zurück, während er
stur geradeaus stiefelte und sich nicht darum kümmerte, was
sie tat. An der Straßenkreuzung – Kupfer und ich hatten auf
unsere bummlige Art fast aufgeschlossen – kam es dann zu
einer Auseinandersetzung zwischen Mensch und Tier, die
man wohl als Beziehungs-, ja Liebeskrise der ernsteren Art
bezeichnen muss.

Die herbeibeorderte Hündin verharrte, wie befohlen, aber
nicht auf dem Bordstein, sondern am Straßenrand. Wie es
schien aus dem Stand, legte der junge Mann einen Wutanfall
hin, der mich für lange Sekunden das Schlimmste befürchten
ließ: Gleich würde er schlagen und treten. Er begnügte sich
aber mit einer schreienden Ansprache und fragte die ratlos
mit schiefem, geducktem Kopf zu ihm aufblickende Hündin,
ob sie wirklich überfahren werden wollte? Er sie dann von der
Straße kratzen solle? Er hockte sich nieder, schlug mit der
Hand auf den Bordstein und brüllte weiter. Dann sprang er
hoch, tigerte fünf Schritte zurück und wieder vor, da capo,
und rief: «Ich fass es einfach nicht! Das darf doch nicht wahr
sein!» Ich gab ihm zu bedenken, dass die Hündin die Bedeutung des Bordsteins wohl noch nicht verstanden hätte –
schließlich hatte ich dieses Wissen meinen Hunden früh und
mit gutem Erfolg vermitteln können, einerseits, und andererseits sind mir das Einmischen und Austeilen von Ratschlä-

gen angeboren. Als Kind äußerte ich den Berufswunsch «Missionarin», den ich erst später auf «Lehrerin» ermäßigte … Der junge Mann sah mich an. Aber so wenig, wie er den Hund getreten und geschlagen hatte, so wenig verübelte er jetzt mir das Dazwischengehen und die strenge Belehrung. Sein Gesicht war rot und von Leidenschaft verzerrt – ob Wut oder Schrecken, sei dahingestellt –, ich zweifelte, ob er mich überhaupt sehen konnte. Trotzdem keine Pöbelei, und gehört hatte er mich doch ganz gut. «Der braucht mich nicht zu verstehen, der braucht überhaupt nichts zu verstehn, mir reicht's, wenn er Angst hat vor mir!» Ich murmelte noch etwas wie: «Das reicht eben nicht, das sehen Sie doch!», und zog mit Kupfer über die Straße und weg, zur hoffentlich friedlichen Planerfüllung auf der Kanalpromenade.

Kupfer geht kreuz und quer, über den Weg, den grünen Ufersaum, streift die Büsche an der Innenseite und apportiert, ohne Geheiß und aus eigenem Entschluss, zuerst eine Kartonage, dann einen Kinderhandschuh und endlich auch ein mageres Stöckchen. Die Kartonage ist am ergiebigsten. Der Hund muss sie an der richtigen Stelle packen, dann muss er den Kopf recken, damit die Beute nicht unter die Vorderpfoten gerät und ihn am Laufen hindert. Er legt sie ab, scharrt, bellt und markiert sie mit ein paar Tropfen – das sonst noch übliche Wälzen auf oder neben der Beute unterlässt er heute. Dieses Spiel wiederholt er einige Male, dann verliert er das Interesse. Aus einer Kitagruppe, die uns entgegenkommt, ertönen der bekannte Ruf: «Ein Hund!», und die ebenso bekannte Mahnung der Begleitung: «Nicht anfassen, ohne zu fragen!» Ein paar mutige Kinder fragen, aber da ist Kupfer schon weiter. Nicht immer bin ich in Stimmung, eine Hundevorführung («Sitz! Platz! Männchen! Pfötchen!») zu arrangieren.

Kupfer wird es allmählich zu warm. Er läuft auf der Ufermauer entlang auf der Suche nach einem Wasserzugang. Hier ist keiner, und ich hoffe, dass sich an unserer Badestelle gegenüber nicht die Schwäne breit machen. Schwäne sind keine da, aber nun fehlt es an einem anständigen Holz. Kupfer kühlt sich zwar das Maul und die Pfoten, aber zum richtigen Schwimmen braucht er unbedingt eine Beute, die sich herauszuholen lohnt. Mit Adlerblick mustere ich das Unterholz, bücke mich unter Büsche und finde heute nichts als ein Zweiglein. Es glückt mir, das Zweiglein mit so viel Aplomb ins Wasser zu werfen, dass es ein wenig klatscht und spritzt, für den Rest muss die Psychologie aufkommen. «Da ist es doch, such», rufe ich anfeuernd und deute mit dem Arm auf den Kanal. Kupfer spielt mit, aber das richtige Arbeitsvergnügen kommt im Wasser heute nicht auf.

Inzwischen bewegen wir uns in einem Pulk von Grundschulkindern. Ich brauche eine Weile, bis mir auffällt, dass zwei Mädchen den Hund mit Blicken und mich mit Schritten quasi begleiten. Endlich traut sich das eine, mich anzusprechen, nachdem sich beide offenbar schon länger mit dem Wunsch beschäftigt hatten. In gebrochenem Deutsch und zuerst auch ganz unverständlich bitten sie mich, ob sie den Hund nicht mal an der Leine führen dürften. «Nur ein ganz kleines bisschen!» Was tun? Der Hund stromert in zehn Metern Entfernung auf der Böschung, und wenn ich ihn herbeorderte und an die Leine nähme, würde er sich sehr wundern; wie sehr erst, wenn ich die Leine in die Hände fremder Mädchen legte? So freundlich wie möglich versuchte ich den Kindern das zu erklären, verwies auch auf das Interesse des Hundes an freier Bewegung, aber wohl war mir nicht dabei. So viel Mut müsste doch belohnt werden, so viel Sehnsucht doch gestillt! Ich gelobe mir, im Wiederholungsfall auch gegen meine Prinzipien und gegen die Interessen von Kupfer einen Versuch zu machen.

Die anmutige Schüchternheit der Mädchen, ihr Wunsch, ein nach ihren Begriffen wildes und dennoch verlockendes Tier an die Leine zu nehmen, erinnert mich an ein Bildmotiv aus der italienischen Renaissance. Der heilige Georg hoch zu Pferd tötet einen Drachen, in dessen Gewalt sich eine Jungfrau oder Königstochter befindet. Bei Paolo Ucello (ca. 1397–1475) zum Beispiel bekommt diese vorgebliche Rettung aber eine ganz andere Deutung. Links der Ritter auf weißem Pferd und in Rüstung, der mit einer Lanze das allerdings beeindruckende Ungeheuer mit riesigen Pfauenflügeln niedermacht – während links das Mädchen steht, ohne jedes Anzeichen von Angst und Schrecken. Mit einer Hand weist sie auf den Drachen, in der anderen hält sie die Leine, die im Halsband des Untiers endet, dessen Herrin, nicht dessen Opfer, sie zu sein scheint: Der mordlüsterne Ritter ist es, der hier ein Liebesidyll stört und es auf das Fräulein abgesehen hat! Die Leine beweist, dass das Ungeheuer seine Feuer speiende Kraft in des Mädchens Dienst gestellt hat und sich willig und gern von seiner zarten Hand führen lässt. Jugend, Anmut und Schönheit reichen völlig hin, es zu einem Hündchen für den zu machen, der sie besitzt – allen anderen bleibt der Drache ein dämonischer Feind.

Kupfer und ich verlassen den Kanal und traben – das Wasser hat den Hund doch merklich ermuntert – durch ruhige Straßen zum Antiquariat, wo ich hoffe, die dringend gewünschte Tschechov-Ausgabe zu finden. Wahrhaftig ein Vormittag der Sensationen! Denn auf dem Weg dahin treffen wir einen Mitbürger ausländischer Herkunft mit einem jungen, braun-schwarz gestromten Kampfhund. Das ist an sich noch nicht ungewöhnlich, weil Hunde, die man so nennt, in unserer Gegend seit längerer Zeit in Mode sind. Dieser allerdings hat zwei von oben bis unten eingegipste Vorderbeine, auf denen er steif vorangeht. Der Hund ist, vermutlich schon aus Gesundheitsbedenken, kurz angeleint. Kupfer macht sich bekannt und zeigt dem anderen deutlich, dass er älter ist und überlegen. Der ganze Ausdruck des Tieres weist auf eine tiefe Niedergeschlagenheit. Kein Wunder, der Mann erläutert, wie es zu den vergipsten Beinen gekommen ist. Der Hund sei nämlich aus dem vierten Stock gesprungen, weil er unten Kinder mit dem Ball habe spielen sehen und mitmachen wollte. Bälle haben es ihm eben angetan, sagt der stolze Besitzer. Der Hund lebt und diese Geschichte wird er wie eine Heldentat noch oft erzählen können. Ich kann es kaum glauben! Vielleicht hat der Mann das Erdgeschoss mitgezählt, und es waren nur drei Etagen, die der Hund hinuntergesprungen ist? Die Jugend ist ja elastisch und der Hund ist gesprungen, nicht wie ein Sack gefallen. Trotzdem, wenn die Geschichte auch nur halb wahr sein sollte, gehört der Hund ins Guinness-Buch der Rekorde. Ich wünsche gute Besserung und gehe weiter.

Im Antiquariat könnte ich Kupfer zwar vorn am Tisch zum Platz nehmen verdonnern, bis ich weiter hinten meine Nachforschungen beendete habe, aber lieber ist es ihm natürlich, die Räumlichkeiten zu inspizieren. Der Antiquar hat keine Einwände, obwohl Kupfer ja nicht gerade proper aussieht. Es dauert eine Weile, dann ist seine Neugier befriedigt und er legt sich freiwillig hin und wartet geduldig.

Allmählich wird meine Zeit knapp; wenn man als privilegierter Heimarbeiter nämlich nicht über ein hoch entwickeltes Pflichtgefühl verfügt, kann einen jeder Hund mit seiner unerschöpflichen Lust am Streunen und Herumziehen zum Vertrödeln vieler kostbarer Arbeitszeit animieren. Die vorhin erwähnte Regel aus dem Jahr 1973, die besagt, dass der Hund unter allen Umständen einen täglichen Anspruch auf sechzig Minuten Ausgang hat, Erde und Wasser inklusive, dient also auch dem Schutz des Menschen vor Verführung. Ich habe mir angewöhnt, nie ohne Armbanduhr mit Kupfer loszuziehen.

Jetzt heißt es ruck, zuck den Supermarkt anzupeilen, und zwar nicht über die stillen Nebenstraßen und auf geruhsamen Umwegen, sondern entlang der Hauptverkehrsader durch unseren Stadtbezirk. Große Städte kennen zwar schöne breite und also hundefreundliche Bürgersteige, haben aber seit längerem von ihnen die Radwege, oft nur mit weißer Farbe markiert, abgetrennt. Von Anbeginn hat Kupfer Radfahrer völlig ignoriert, sodass ich während der nächsten zehn Minuten die Aufgabe habe, mögliche Kollisionen zu verhindern. Eigentlich ein Wunder, dass es in all den Jahren nie zu einem Zwischenfall gekommen ist, allenfalls zu Beschimpfungen des Hundes oder meiner Person durch besonders eilige Radler, die auf ihr Recht pochten. «Hier ist der Radweg!» Andere, mir selbstverständlich viel sympathischere, tendieren ganz im Gegenteil dazu, wenn ich Kupfer warne und wegbeordere, beruhigend zu rufen: «Keine Angst, ich habe ihn gesehen!» Sie bremsen auch für Hunde, die sich vorschriftswidrig auf dem Radweg aufhalten... Am angenehmsten sind mir ehrlich gesagt jene Radfahrer, die sich selber vorschriftswidrig auf dem Bürgersteig bewegen, weil gar kein Radweg ausgewiesen ist und sie die Straße scheuen. Ganz genau so wie ich mit meinem frei laufenden Hund haben sie einen Rest von schlechtem Gewissen, praktisch ein erheblich erhöhtes Verantwortungsgefühl, und verhalten sich entsprechend sozial und vorsichtig. Vorschriften, Regeln und Rechte schön und gut, aber das Ego eines Stadtbewohners, der sich nur auf sie beruft, ist hinterwäldlerisch zurückgeblieben, verglichen mit dem, dessen Besitzer George Herbert Mead zwar nie gelesen, aber doch gelernt hat, dass die Perzeption und Antizipation der Bewegungen des anderen auch seinem Ego weiterhelfen. Selbst dann, wenn der andere nur ein Hund ist. Man nennt das Interaktionismus.

Der Einkauf im Supermarkt ist in fünf Minuten erledigt. Kupfer wartet vor der Tür, am Hundehaken angeleint. Man kennt uns dort gut, und die Frauen an der Kasse, die ihn bestens im Blick haben, vermerken heute wieder einmal, dass Kupfer, im Unterschied zu anderen Hunden, ruhig wartet und keineswegs, wie so mancher andere, ausdauernd kläfft, bis sein Herrchen oder Frauchen wieder auftaucht.

Ruck, zuck weiter nach Hause, vorbei an der traurig verfetteten schneeweißen Schäferhündin, deren Besitzer ich im Verdacht habe, die Anpassungsfähigkeit eines Hundes im Allgemeinen, das handsame Wesen einer Hündin im Speziellen dahingehend zu interpretieren, dass der Hund bloß zum Pipimachen ausgeführt wird, an der Leine hundert Meter vor und zurück. Vielleicht findet sich einmal ein Hundeexperte, der dieses Missverständnis, um nicht zu sagen, diesen Missbrauch, hündischer Weiblichkeit gebührend geißelt. Mein Kollege von der BILD-Zeitung, der über Jahre eine Hunde-, eigentlich Hündinnenkolumne geführt und sie («Ruby» ist als Markenzeichen gesetzlich geschützt und beim Deutschen Patentamt unter der Nr. 39733670 gemeldet) auch in Büchern vermarktet hat, die im Supermarkt ausliegen, ist es definitiv nicht. Ganz genauso wie meine nette Nachbarin lebt er seine Hundeliebe mit dem Überfüttern und dem Kuscheln aus. Kein Wort darüber, dass der Hund mal unter Menschen und andere Hunde kommt und sein goldiges Gefängnis von Haus und Garten verlassen darf. Stattdessen kriegt er Spaghetti und nimmt angeblich sogar Teil am Feierabendalkoholismus seines unwürdigen Herrchens. Eigentlich habe ich ja meine jugendlichen Vorbehalte gegenüber der BILD-Zeitung ad acta gelegt, jetzt befriedigt es mich aber doch, diese Vorbehalte erneut bestätigt zu sehen. Wo ist der Tierschutzbeauftragte, der diesem «Norbert Körzdörfer» seine patentierte Ruby um die Ohren haut?

Kupfer kommt jedenfalls jetzt in die Badewanne, und während ich ihn, wie schon beschrieben, trocken rubbele, bereitet ihm Herr Rutschky das Fressen. Die frisch geriebene Möhre nicht vergessen! Sein Mittagsschlaf wird vom Klingeln des Paketboten unterbrochen. Kupfer gehört nicht zu den aus meiner Sicht sagenhaften Tieren, die generell Postbedienstete angreifen. Ganz im Gegenteil, das Klingeln des Boten ist ihm ein angenehmer Anlass zu bellen, und zwar leider laut und ausdauernd. Oft läuft er dem Mann, der ihn inzwischen gut kennt, auch im Treppenhaus entgegen und begrüßt ihn freudig. Das bedaure ich nicht, bin froh darüber, dass der Hund nur bellt, wenn es an der Wohnungstür klingelt, und nicht auch dann, wenn das Telefon läutet. Nicht auszudenken, mit welchem Krawall ich es zu tun hätte, wenn der Hund den Unterschied von Menschen, die persönlich per Klingel auftauchen, und den vielen anderen nicht kapiert hätte, die nur medial in Erscheinung treten!

Am späteren Nachmittag wird Kupfer, so auch heute, primär wegen der Entsorgung der Stoffwechselprodukte im engeren Kiez ausgeführt. Gassi gehen nennt das der Volksmund. Es gibt drei Varianten, so rum oder so oder so. Herr Rutschky, der uns begleiten will, schlägt in sardonischer Stimmung vor, «das Gartengrundstück zu schänden». Wir haben nämlich eine Nachbarin, die eine Toreinfahrt mit Mülltonnen und der Andeutung eines Rasens zum Naturschutzgebiet erklärt und schlichte Schnüffeltouren von Kupfer mit vehementen Auslassungen schon mehrfach begleitet hat. Drohungen mit der Polizei sind noch das wenigste, Pöbeleien der sonderbarsten Art sind bei ihr die Regel. Gesprächs- und Erklärungsangebote, die ich selbstverständlich gemacht habe, hat sie ausgeschlagen. Es gibt offenbar Mitbürger, die nur darauf warten, dass andere etwas falsch machen, und ihnen damit den ersehnten Anlass zu ihren Wuttiraden liefern. Heute wird aber, trotz des schönen Wetters, nichts aus der projektierten Schändung des Gartengrundstücks, weil die Dame ihren Wachtposten noch nicht bezogen hat. «Wir haben getan, was wir konnten», sagt Herr Rutschky. Er vertritt die Theorie, dass alte Frauen einen Hang zur Paranoia haben. Um sich wehrhaft zu zeigen, seien sie unhöflich, ruppig und gemein und verbrauchten den Rest ihrer Lebensenergie für die sprichwörtlichen Haare auf den Zähnen, die ihnen länger und länger wachsen.

Mehr oder weniger ist mein Tag mit Kupfer heute zu Ende. Normalerweise gehe ich spätabends, öfter sogar erst um Mitternacht, noch einmal auf die Straße. Dabei trafen wir neulich in den laublosen Bäumen hinterm Gericht auf einen riesigen Krähenschwarm. Ich nahm ihn erst wahr, als ein Wachvogel uns bemerkt hatte und Laut gab, was dann zu einem unheimlichen Rauschen, Schaben und Rascheln auf den dicht besetzten Bäumen führte. Zwei Tage später, als wir wieder vorbeikamen, waren sie nicht mehr da, und nur die vielen weißen Kotflecken bewiesen mir, dass ich mich nicht in einen Film verirrt hatte ... Vögel, selbst in Schwärmen, lassen Kupfer kalt, und von meiner leisen Anwandlung von Grauen und Bedrohung hat er bestimmt nichts mitbekommen.

Manchmal allerdings sieht er nachts Gespenster und verhält sich ganz so, wie es unirdischen Erscheinungen gegenüber gebührt. Er fiept vor Schreck, will nicht weiter oder besteht auf einem weiten Umweg, wenn es mir nicht doch gelingt, ihm das Gespenst als verlassene Sporttasche oder ausgesetzte Mikrowelle plausibel zu machen. Die können eben nachts sehr unwahrscheinlich aussehen ...

Geht man so spät los – ohne Hund wäre ich auf die Idee nie gekommen –, hat man die Stadt zur Abwechslung einmal ganz für sich allein, und ein gewissermaßen königliches Gefühl breitet sich im Menschen aus: Alles meins!

Heute wird es aber nichts mit dem Erhabenen, weil Kupfer Herrn Rutschky einen ganzen langen Abend auf einer Sauftour durch die Stadt begleiten darf. Auch die mühsamsten Gespräche und Verhandlungen lassen sich in Begleitung des Hundes als belebenden Elements überstehen, und interessante werden noch angenehmer.

9. Liebe Feinde

Ich bin nicht nur froh, dem Dorf und der Stadt beizeiten in die große Stadt entkommen zu sein, ich bin auch froh, immer in großen Mietshäusern gewohnt zu haben, die nicht ganz comme il faut funktionieren, und das nicht zuletzt mit Rücksicht auf das Wohlleben meines Hundes. Wo sorgen denn vagierende Katzen, krähende Hähne oder bellende Hunde für eine Erhöhung des Prozessaufkommens? Doch nur auf dem Lande, in ruhigen Vorstädten und anderen Habitaten, deren Bewohner den sagenhaften anonymen Großstädter für unerträglich bis gefährlich halten und Lärm, Gestank und Dreck als Gesundheitsrisiko einschätzen. Dort, und nicht in der Großstadt, haben Wichtigtuer, Pedanten und Streithansel die Chance, sich und andern das Leben zur Hölle zu machen. Verglichen mit den Risiken, die man mit

Nachbarschaft im pathetischen Sinn, selbst noch in einem Zweifamilienhaus in Suburbia, läuft, ist der metropolitane Handtaschenraub am helllichten Tag, der vor ein paar Jahren vor meiner Haustür stattfand, doch zu vernachlässigen. Natürlich wurde der alten Dame, nachdem ein Flyer der Polizei ihre Anonymität aufgehoben hatte, einiges Mitgefühl zuteil, und natürlich verlief die Suche nach Zeugen und Tätern ergebnislos.

Zweimal in meinem Leben bin ich selbst sogar Opfer eines Wohnungseinbruchs geworden, dreimal wurde am Auto Vandalismus geübt, und in einem Fall hatte ich sogar einen prima Verdächtigen. Ich begnügte mich aber, diesen Anwohner mit kaltem Damenblick durchdringend zu fixieren, wenn ich ihn traf, und ihn in inneren Monologen als Franz Doof zu titulieren. Später machte er noch einen Versuch, das bei mir verlorene Terrain wiederzugewinnen, indem er sich einen jungen Bullterrier zulegte, und Hunde interessieren mich ja immer. Das arme Tier! Es kränkelte und wurde baldigst durch ein neues ersetzt, das Schicksal des anderen möchte ich mir lieber nicht ausmalen. Was sind aber solche letztlich flüchtigen Erfahrungen, verglichen mit den Existenzkrisen, in die der Hundehalter stürzen kann, wenn er das Pech hat, statt auf Mitbewohner auf echte Nachbarn, Hausgemeinschaften und Hausbesitzer zu stoßen.

Unter solchen Umständen wohnt auch ein solides Lehrerehepaar in den eigenen, wiewohl gemieteten Wänden unter Kuratel, wenn es seinen Malamute mitbringt. Das sind große, grau-weiße Schlittenhunde mit robustem, etwas rauem Haarkleid und einer imposanten buschigen Rute, die im Ideal über dem Rücken getragen wird. Der Hund war zwar angemeldet und am Anfang schien auch alles zur Zufriedenheit zu verlaufen. Dann aber kamen die ersten Bitten um Verständnis und die ersten Hinweise auf minimale Verfehlungen. Man höre den Hund unten so deutlich auf dem Parkett im Flur laufen, ob da nicht ein Teppich gelegt werden könne? Der Hund habe geheult, neulich, als das Paar ihn ganze fünf Stunden allein gelassen habe. Es ginge auch nicht, dass der Hund sich im Treppenhaus schüttelt, die Putzfrau habe schon aufgemerkt. Der Hund gehöre im Übrigen auf dem Weg von der Tür zur Gartentür angeleint, und man müsse unbedingt verhindern, dass er draußen am Tor sein Bein hebt. Das ist eklig, weil es ja auch die Rüden der Umgebung zu Gleichem animiert. Der Lehrer, grün angehaucht und seinem naturbelassenen Hund (wie er meint – anderswo mehr über Rassetheorien) sehr zugetan, erwarb einen Volkswagenbus, gestaltete ihn Malamute-gerecht und nahm das Tier mit zur Arbeit. Da konnte er vorher, nachher und zwischendurch bei ihm nach dem Rechten sehen, und das Heulen störte niemanden. Die Schüler freute es und den Hund vielleicht auch; denn die Temperatur einer Etagenwohnung kann einem Schlittenhund leicht zu hoch werden, dachte der Lehrer außerdem. Es hat aber alles nicht geholfen. Den Ausschlag gaben die Marmorfliesen, die im gemeinsamen Treppenhaus von unten nach oben führten. Vielleicht ist Marmor ja sehr teuer, aber, wie jeder Romreisende und Verehrer der Antike weiß, auch extrem belastungsfähig und pflegeleicht. Wenn Tausende und Abertausende über Grabplatten schlurfen und diese nach Jahrhunderten immer noch zu entziffern sind, sollte eigentlich keine Hausfrau und Hausbesitzerin heute verzweifeln, wenn ein Hund Spuren macht. Das Lehrerehepaar entschloss sich letztlich zum Umzug, weil es dann doch nicht bereit war, sich den Zugang in seine Wohnung täglich auf den Knien zu erarbeiten, in der einen Hand die Hundeleine mit dem Hund am Ende, in der anderen den Feudel zum Aufwischen der

Spuren subito. Auf diese Unterwerfung und Demütigung von Mensch mit Hund lief es im Endeffekt hinaus.

Ein Pyrrhussieg des Besitzdenkens und der fatalen Idee, es müsse doch möglich sein, sich einen Raum zu schaffen, in dem die totale Idylle gelebt werden kann. Unweigerlich ist diese Vorstellung gebunden an die Kontrolle von Lärm, Schmutz, Gestank und Sex, die schon ein Hund infrage stellt, selbst einer, der so verantwortlich und vernünftig gehalten wird wie der Malamute des Lehrerehepaares aus meiner Verwandtschaft. Wenn einem heute der Erwerb einer Eigentumswohnung aus vielen Gründen nahe gelegt wird, dann habe ich als Bewohnerin von Mietshäusern der Mittelklasse in sehr gemischtem Ambiente doch schwere Zweifel. Ich fürchte, dass das Eigentümerkollektiv leicht zu Entschlüssen käme, die im Ergebnis den visuellen Eindruck einer Schrebergartenkolonie reproduzierten. So wie dort dicht bei dicht Heckenhöhen, Pflanzensorten und Hüttengrößen festgelegt werden, so hätte man es bei einer Eigentümergemeinschaft mit Leuten zu tun, die Hunde ab vierzig Zentimeter Risthöhe ausschließen: Dackel ja, Bernhardiner nein. Gemeint sind bei solchen Regelungen zwar immer nur gefährliche Hunde, aber wenn man mit dem Misstrauen des Idylleanhängers einmal angefangen hat, wird man über kurz oder lang bei dem kastrierten Dackel enden, der strikt an der Leine geführt werden muss. Und immer noch bellt!

Da lobe ich mir, ganz gegen die ökonomische Vernunft, das klassische metropolitane Mietshaus. Der Besitzer wohnt jottwede im Grünen und hat deswegen keinerlei Ambitionen, sich ins Leben seiner Mieter einzumischen, solange die ihre Miete bezahlen. Meiner, Friede seiner Seele, mochte sogar Hunde, und seine Erben mucken auch nicht auf, so wenig wie die wechselnde Besetzung über und unter mir. Das wäre unter anderen Umständen gewiss nicht selbstverständlich; denn mein jetziger Hund ist, im Unterschied zu seinem Vorgänger, sehr laut. Laut sind aber auch meine Nachbarn und Mitbewohner, teils, weil sie Musik lieben, teils oder auch parallel, weil sie Kinder haben. Bestenfalls spielen diese in den Mittagsstunden nur Klavier, was auch nicht ganz korrekt ist.

Denn seit den Zeiten der Kaiser Wilhelm I. und II., als das Klavier jedem bürgerlichen Mädchen als Beschäftigungstherapie verordnet wurde, gibt es nicht nur gewisse Usancen, welche die Siesta der Rentiers begünstigten, sondern auch Hausordnungen und Gerichtsurteile. Andere haben einfach nur Kinder, die uns allen, auch wenn wir keine haben, heilig sein sollten, weshalb diese kleinen Teufel, je jünger, desto unangreifbarer, heutzutage schreien und toben dürfen, wo, wann und warum auch immer.

Zu den innerhäuslichen Lärmquellen Hund, Stereoanlage, Klavier und Kind addiert sich im Idealfall eines Mietshauses, das nicht in einer Monokultur des Wohnens errichtet worden ist, der Lärm von Kneipen und Autos. Autos, die nachts mit laufendem Motor minuten-, ja viertelstundenlang auf der Straße quasi parkten, trieben mich vor Jahren zu Anfällen von kriegerischem Bürgersinn. In mir war das Leiden der Schlafgestörten am Dauerbrummen vor dem Fenster mit der Vorstellung der grässlichen Umweltschädigung eine so explosive Verbindung eingegangen, dass ich bald routinemäßig zur Tat schritt, schreiten musste. Bei so viel Hitze reicht auch im kältesten Winter ein Mantel, den man sich über den Pyjama wirft; denn auf die Straße muss man, will man Betroffenheit und Verantwortung zur Geltung bringen. Um die Insassen nicht unnötig zu erschrecken, näherte ich mich den Autos von vorn und bewegte mich zur Fahrerseite, wo dann entgegenkommend das Fenster heruntergekurbelt wurde. Über diesen Leichtsinn könnten sich Zugereiste wundern, aber der Großstädter rechnet nie mit dem Schlimmsten, wenn er angesprochen wird, auch nicht spätnachts. Ich trug meinen Spruch vor, kassierte regelmäßig eine Entschuldigung, und aus war der Motor oder weg das Auto – fast eine Enttäuschung in Anbetracht meines Engagements.

Das waren die frühen achtziger Jahre, in denen jedwede Betroffenheit sakrosankt und Umweltangst normal war. Rechtzeitig, ehe mein zweiter und überaus lauter Hund bei mir einzog, stellte ich jedenfalls meine nächtlichen Ausfälle ein. Der laute Hund hätte an ihrer Legitimation auch sehr gekratzt; denn er bellt immer, wenn ich nach Hause komme, was manchmal auch nachts geschieht. Er bellt, wenn es klingelt und wenn er darauf aufmerksam machen will, dass sein Trinkwasser nicht mehr frisch ist. Er bellt, wenn ihm bedeutet wird, dass binnen der nächsten zehn Minuten ausgegangen wird. Er folgt mir ins Badezimmer – eine hunde- und katzengerechte Wohnung kennt keine geschlossenen Türen – und bellt, wenn ich zum Lippenstift greife, weil das einen Extraausflug ankündigt. Vor allem aber bellt er jederzeit, in der Wohnung und auf der Straße, für seine Feinde oder wegen seiner Feinde, eine wichtige Unterscheidung, die einem überhaupt erst das tiefere Verständnis für sein Wesen eröffnet. Er hasst seine Feinde, aber er liebt und braucht sie auch, weshalb er sie pflegt wie unsereiner seine Freunde. Dass nur andere Rüden seines Reviers die Chance haben, die Ehre seiner Feindschaft zu genießen und nicht schlichtweg ignoriert zu werden wie die Hündinnen samt und sonders, wenn sie nicht gerade läufig sind, versteht sich von selbst. Von den Rüden sind aber auch nur wenige auserwählt. Früher waren es vier, gegenwärtig sind es zweieinhalb, darunter aber der

Leib- und Magenfeind Baby, von dem schon die Rede war. Ohne ihn vor allen anderen wäre das Leben von Kupfer sehr viel ärmer.

Die Pflege der Feindschaft findet auf der Straße, aber auch in der Wohnung statt. Natürlich verfügt eine hundegerechte Wohnung für alle Stunden des Tages, in denen sonst nichts ansteht, über einen Ausguck auf die Straße. Die Haushundforschung behauptet zwar, dass mit der Rasseverfeinerung (Schreckbild zum Beispiel Mops oder Bully) der Körperausdruck und als Reaktion darauf die soziale Lesefähigkeit aller Hunde abgenommen und durch den Geruchssinn kompensiert worden seien, aber wenn das so ist, dann bildet mein Hund die Ausnahme. Als Hund aus einer «jagdlichen» Zucht – seine Mutter ist vielfach geprüft und gekrönt – verfügt Kupfer natürlich über einen Geruchssinn, der menschliche Vorstellungskraft übersteigt. Aber auch sein Auge sieht mehr als erlaubt, und er weiß auch alles, was er sieht und ihn interessiert, genau zu deuten. Auf seinem Ausguck sieht er viele Viecher vorbeiziehen, aber nur, wenn die Feinde kommen, geht das Getöse los.

Charlie und Teddy, der Erste ein schmucker Mischling mit seidigem, schwarzem Langhaar und weißer Brust, der Zweite ein Golden Retriever, wie seine Herrschaft behauptete, haben mich viel Hundeschokolade gekostet. Ihr Anblick auf der anderen Straßenseite löste solche, ganz gewiss lustvollen Bellanfälle und Wutausbrüche bei meinem Hund aus, dass keine Pädagogik, nur noch Bestechung helfen konnte. Man muss ja auf die Nachbarn Rücksicht nehmen, auch wenn fünfzehn Minuten Bellen pro Tag von Gerichten als tolerabel genehmigt werden. Mir wurde es auch zu viel, wenn der Hund sich minutenlang ereiferte. Es nutzte dann nicht mehr, ihn vom Ausguck herunterzuheben und den Zugang zu versperren, ihn zu schütteln und mit Klapsen auf die Nase zu schädigen – die Schokoladendropse mussten her und standen später auch immer parat. Es galt, sie möglichst weiträumig auf dem Boden zu verstreuen und den Hund mit dem Auflesen möglichst lange zu beschäftigen und wieder auf andere Gedanken zu bringen. Mein Albtraum wäre es, mit einem Hund verbandelt zu sein, der das Fressen von Leckerbissen verachtet und jederzeit der Moral Priorität einräumt. Und die gebietet es ihm, seine Feindschaften zu pflegen und Schokolade zu verschmähen. Von Glück kann ich sagen, dass wenigstens Baby in einer Nebenstraße hauste und nicht so regelmäßig wie Charlie und Teddy am Hundeausguck von Kupfer vorbeigeführt wurde.

Seit diese beiden verzogen sind, hat der Ausguck beträchtlich an Attraktivität verloren, ohne dass der Hund merklich leiser geworden wäre. Seit langem hat er es sich angewöhnt, beim drei- bis viermaligen Ausgang die Haustreppe hinabzustürzen und dann, wenn die Haustür offen ist, mit einer kleinen Bellorgie auf den Bürgersteig zu sausen. Juristisch gesehen kann solches, für nichts ahnende Passanten zudem völlig überraschende Bellen als Körperverletzung geahndet werden. Ist die Haustür geschlossen, mahne ich Kupfer mit einem Handgriff über die Schnauze, sich zurückzuhalten. Was er dann auch tut. Dann folgen dreißig Sekunden, in denen er an den nächsten Baum rennt, um Ärgernis zu nehmen oder einfach zu sagen, dass er jetzt da ist, um gern, allzu gern, Tuchfühlung mit seinen Feinden zu nehmen, die er gerochen hat. Bei diesem Ritus haben die Passanten, oft mit kleinen Kindern aus den benachbarten Kindertagesstätten im Schlepptau, doch eine reelle Chance, sich auf den Hund einzustellen. Aufgefallen ist mir in diesem Zusammenhang, wie viele Kinder, schreiend, nörgelnd und im Clinch mit ihren Eltern begriffen, am Ende ihres Arbeitstages und am Ende ihrer Kraft da nach Hause geführt werden. Mein Hund, der inzwischen das Bellen eingestellt hat und sich seinen Forschungen hingibt, weckt ihre Aufmerksamkeit und sorgt, jedenfalls für einige Momente, für Frieden. Wenn die Haustür nicht geschlossen war, entschuldige ich mich für den kurzen Schrecken, den er verursacht hat. Es gibt zu denken, dass die Allermeisten sich ihres Schreckens zu schämen scheinen. Nicht nur Männer, wie man vermuten könnte, sondern auch Frauen, die hinsichtlich des Schreckens ja immer noch privilegiert sind. Meine zugegeben gewagte Deutung: Der Stadthund steht auch hier für eine exorbitante, aber letztlich angenehme und sehr sympathische Vitalität, die gerade der Großstädter unwiderstehlich findet.

Aber zurück zu den Feindschaften, die mein Hund vornehmlich mit Gebell so leidenschaftlich pflegt. Gewiss, alle Rüden, die er sich auserwählt hat, leben in seinem Revier – da, wo ich spät am Abend die letzte Runde mit ihm mache. Es gibt Hundeforscher, welche die Revierprobleme der Rüden zum Angelpunkt der Theorie machen, dass sie in der Praxis dann zu Beißereien führen sollten. Wie erkläre ich mir aber dann, dass der schöne Airedale-Terrier, der jahrelang in meinem Haus wohnte, mit meinem mentalen Kampfhund so gut auskam, dass die beiden sich selbst im Treppenhaus weniger vertrugen als ignorierten? Zugegeben, der Airedale, doppelt so groß wie ein Cockerspaniel, hatte eine Herrschaft, die im Unterschied zu mir noch an die autoritäre Erziehung glaubte. Ginge es nur um Revierprobleme, hätte das meinen antiautoritär erzogenen Hund aber nicht davon abgehalten, den Airedale jeden Tag zur Schnecke zu machen. Oder es jedenfalls unermüdlich immer wieder zu versuchen. Sehr wahrscheinlich besaß der Airedale, völlig unabhängig von der strikten Leinenführung seiner Oberen, so viel Stil und Klasse, dass der meine ihn akzeptieren musste, ob er wollte oder nicht. Sein souveränes Benehmen war mustergültig, und mein Hund, wiewohl er die Feindschaften liebt, musste sich damit abfinden.

Anders sah es mit Charlie, Teddy, Baby und jenem spitzartigen Mischling aus, der bis heute keinen Namen hat, aber im Kopf meines Hundes sehr präsent ist, oder mit jenem halben Feind, der neuerdings dazugekommen ist. Da handelt es sich um einen sehr extravaganten Rasse- und Kampfhund, der in die Hände eines wohlfahrtsstaatlich alimentierten Soziotops gefallen ist. Das ist jedenfalls meine Vermutung. Wenn ich mit Kupfer, vorzüglich in der schönen Jahreszeit, an seinem Haus vorbeilaufe, sitzt da ein Kind oder ein Jugendlicher mit dem schönen Tier an der Leine, das Besseres verdient hätte. Sage ich – und mein Hund sowie der andere gehen in Kampfstellung. Meiner, weil er Feinde liebt und braucht, der andere, weil er nur frustriert ist. Das ergibt für meinen Hund unterm Strich nur höchstens eine halbe Feindschaft, einen Feindschaftsversuch nach dem Verlust von Charlie und Teddy.

Charlie war älter als Kupfer und empfahl sich als Feind, weil er nicht ganz richtig tickte. Keineswegs in böser Absicht, aber dennoch erschreckend, überwältigend und wenig comme il faut, stürzte er sich von Anfang an auf den Welpen, den ich mit vielen Straßengängen stubenrein machen wollte. Er raste heran und überrollte den Welpen, der ängstlich quietschte. Auch später verlegte er sich darauf, Kupfer zu überrennen – er war erheblich größer. Einmal suchte ich meinen jungen Hund dadurch zu schützen, dass ich ihn auf den Arm nahm. Das genierte Charlie gar nicht, er sprang an mir hoch und schnappte nach Kupfer. Ein ziemlich starkes Stück, weil er ja nicht nur den Junghundschutz, sondern auch den Menschenrespekt dabei vernachlässigte. Als Kupfer erwachsen war, hatte das ein Ende. Charlie wurde Straßenfeind Nr. 1 und hatte die Zeit der leichten feigen Siege hinter sich. Schön war nur, dass ich mich mit Charlies Herrschaft, einer jungen Krankenschwester, in längeren Nachtgesprächen auf der Straße verständigen konnte. Sie räumte ein, dass ihr Hund aus dem Tierheim kompensatorischer Betreuung ewig bedürftig bleiben würde, ich verwies auf das historisch begründete Machogehabe des meinen gegenüber Charlie. Währenddessen streunten unsere Tiere die Straße auf und ab, ohne sich zu beißen, allerdings mitten in der Nacht. Es war wie Party. Natürlich kam es auch später noch zu Raufereien und Rangeleien, die ängstliche Menschen als gefährlich eingestuft hätten, aber die Krankenschwester und ich ignorierten sie nach Kräften, und der Erfolg gab uns Recht. Wer seinen Hund nicht nur liebt, wie man so sagt, sondern ihn auch kennt und mit ihm lernt, der kann eigentlich auf Dauer die anderen, mögen sie zudem einen Tick haben oder ein paar Kampfhormone zu viel verwerten müssen, nicht nur als lästige Konkurrenten wahrnehmen und ihre Halter gleich mit diffamieren. Charlie zog erst weg, dann starb er viel zu jung an Krebs, wie mir die Krankenschwester, immer noch in schwerer Trauer begriffen, vor einiger Zeit mitteilte. Sie hatte sich keinen neuen zugelegt. Ihr Hund war Charlie, und der war nicht zu ersetzen. Jetzt hatte sie eine Katze, was einmal mehr widerlegt, dass Hund und Katze sich nicht vertragen.

Gar nicht so angenehm wie die Feindschaft mit Charlie entwickelte sich in jeder Hinsicht die Feindschaft mit Teddy, welcher der Hunde- und Menschengemeinschaft unseres

Kiezes als echter Golden Retriever präsentiert wurde. Alles lief schief. Er machte seinen Einstand nicht als Welpe, sondern als Junghund, den vornehmlich eine junge Frau stramm an der Leine ausführte. Sie wertete von Anfang an jeden Kontakt mit anderen Hunden als unziemliche Belästigung und Bedrohung. Hunde beschnüffeln sich an Stellen, die eine Dame nur als unpassend klassifizieren kann. Ein Hund an der Leine, der andere, ältere und sehr machistische, frei sich bewegend, stehen außerdem ja immer für Ärger. Meiner liebt die Feindschaft und lässt sich die Gelegenheit, eine neue mit Gründen zu erwerben, nicht entgehen. Der andere knurrt und brummt gefällig, soll aber nach der Meinung seiner Herrschaft nichts als brav und lieb sein und keinerlei Anzeichen eines ordentlichen Hundes zeigen. Ihm ist eine Aufgabe zugedacht, der er nicht gewachsen ist – ich meinerseits bin nicht bereit, Kupfer anzuleinen und Begegnungen auszuweichen. Vermittelnde Gespräche, in denen ich so gern meine in zwanzig Jahren gesammelte Hundeweisheit unter die Leute bringe, lassen sich nicht anbahnen. Und so kam es, dass zum wiederholten Mal Kupfer Teddy zur Schnecke machen wollte. «Das ist einfach nur stressig, was Sie mit Ihrem Hund hier veranstalten!» Der Dame schloss sich endlich, wenngleich widerstrebend, auch Teddys Herrchen an. Es stimmt, ganz vorschriftswidrig hatte Kupfer sogar die Straße eigenmächtig überquert, um Teddy anzugreifen. Nicht, dass er ihn wirklich gebissen und verletzt hätte – bei ihm läuft es ja immer nur auf Rangelei hinaus, oder fast immer … aber unübersehbar war damit, dass Krieg herrschte, zwischen Hunden und Menschen. Auch in mir schlummert der Paranoiker. Das Gerücht, meine antiautoritäre Hundehaltung sei im Hinblick auf meinen Kampfhund völlig unverantwortlich und unerträglich, schien zwischen

Franz Doof und anderen Interessenten in jenem schönen Sommer schon die Runde zu machen, und ich sah mich bereits zum Amtstierarzt zitiert, der mir bzw. Kupfer Leine und Maulkorb verordnen würde. Doch dann war plötzlich alles vorbei. Ich erfuhr, dass der fragwürdige Golden Retriever samt der gestressten Dame in eine feine Gegend verzogen sei, der dazugehörige Herr dagegen anderswohin.

Da gerät man ins Phantasieren, wenn man Phantasie hat. In meinem Kopf entstand ein kleiner Roman. Er handelte von einem jungen Ehepaar, das nicht klarkommt miteinander. Streit und Stress verhindern das ersehnte Kind, das die Sache richten könnte. Oder haben Dame und Herr erfahren müssen, dass sie einzeln oder gemeinsam keine Kinder haben werden? Der nicht so ganz echte Golden Retriever wird ihnen in dieser Situation als Ausweg und als Ersatz angedient. Ein anderer Hund fällt mir ein, den ich auch seit vielen Jahren kenne, samt Mutter, Vater, Kind. Das Kind kam später. Weise Frauenärzte pflegen manchmal Ehepaaren, wenn der Kindersegen ausbleibt, den Ratschlag zu geben, sich ein Tier zuzulegen. Ehe man zu radikaleren Methoden greift, könnte so ein junger Hund hormonell und psychophysisch das Terrain für mehr Leben bereiten.

Kupfer hat aber nicht nur Feinde, die er sich mit Gründen erwählt, die ich rekonstruiere. Er hat auch welche, deren Feindschaft er ablehnt. Es gab vor Zeiten zum Beispiel einen Pointer namens Aki, der zusammen mit einer Hündin in seinem Revier ausgeführt wurde. Schon mein erster, damals recht betagter und kranker Hund machte seine unliebsame Bekanntschaft. Direkt vor unserer Haustür kam es zu einer beängstigenden Konfrontation, einer schweren Rauferei. Beängstigend war sie für mich, weil mein alter Wunderhund der Schonung bedurfte. Ich war damals schon dazu über-

gegangen, ihn wegen seines Herzleidens die Treppe hoch-
und runterzutragen, was ihm fast gegen die Ehre ging. Er
war kein Macho wie Kupfer, sondern ein Aristokrat – aber
auch der weicht dem Feind nicht aus, wenn er ihn auch nicht
sucht, vornehm, wie er ist. Passiert ist dann nichts weiter,
aber von der Überzeugung, dass Aki ein Dreckstück ist, obgleich ein sehr schönes, konnte mich nichts mehr abbringen.
Lange machte seine Herrschaft geltend, dass er so aggressiv
sei, weil er die begleitende Hündin, seine Mutter, bewachen
müsste. Das leuchtete mir ein, zumal die Leute, ganz wie die
erwähnte Krankenschwester, ihre Hunde auf eine Art zu lieben schienen, die andere Hunde nicht ausschloss. Dann war
Akis Mutter tot und ich zog mit meinem Welpen Kupfer los.
Es kam zu einer Begegnung, bei der mir tatsächlich das Blut
in den Adern gefror und das Herz stillstand. Aki schien auf
Mord aus – seine Begleitung und ich mussten zusehen. Ein
Welpe rechnet bedingungslos auf Kinderschutz, und Aki allein hatte die Entscheidung – jede Einmischung hätte den
Mord befördert, das spürte man, also unterließen wir sie.
Nur auf die Distanz konnte es eine Chance geben, Kupfer zu
retten. Rufen, mahnen, schreien, abwarten. Warum mein
Hund Aki nicht zum Feind erkor, später, als er erwachsen
war, weiß ich nicht. Ich habe auch keine Ahnung, warum er
den Schäferhundmischling nicht als Widersacher annimmt,
der ihm den Weg ums Karree regelmäßig erschwert. Er
wohnt gar nicht hier, sondern verbringt nur einen großen
Teil seine Zeit im Vorfeld einer Eckkneipe, die seine Herrschaft frequentiert. Scheu weicht mein Hund ihm aus und
nutzt die Bordsteinkante um die Telefonzelle herum, irgendwie ehrerbietig. Was hat dieses Vieh, das andere, ebenso
große und bestimmt viel gefährlichere und beißwütigere,
nicht haben? Ich weiß es nicht.

Damit komme ich zu Baby, dem dauerhaften Lieblingsfeind Nummer eins. Ein schwarz-weißer Pitbull, den er als
Welpe kennen lernte. Es stimmt schon, dass Baby recht
aufdringlich war und die höheren Interessen, die der er-
wachsene Kupfer damals schon verfolgte, nicht wahrnahm.
Kupfer wollte erkennbar nichts mit dem Junghund zu tun
haben, ihm nichts beibringen, nicht mit ihm spielen, und
Baby verstand das nicht. Aber wie sich auf dieser schmalen
Rechtsgrundlage eine außerdem völlig einseitige Super-
feindschaft ergeben konnte, weiß der Himmel. In Kupfers
Kopf ist sie so präsent, dass er schon auf flüchtigste Geruchs-
spuren an Bäumen, Hecken, Autos oder in der Luft so empört reagiert, als habe er Baby bereits vor sich, könne ihn
aber gemeinerweise nicht sehen und packen. Er liefert dann
eine realistische Version der Redensart «vor Wut in die Luft
gehen», indem er bellend die Vorderpfoten vom Boden löst,
als risse ihn eine ungeheure Kraft hoch, die ihn gegen die
Gesetze der Schwerkraft um ein Haar fliegen ließe. Dann
rast er kreuz und quer los, um Baby zu stellen, der nirgends
zu sehen ist. Hat Kupfer Zeitung gelesen, und weiß er, dass er
mit seiner Verfolgung von Baby, dem Kampfhund, nicht nur
seinem persönlichen Affen Zucker gibt, sondern auch ein
Projekt der moralischen Mehrheit fördert, das diese Hunde
ethisch und kommunalpolitisch zum Abschuss freigegeben
hat? Ich kann das mit Sicherheit ausschließen. Und würde er
mir zuhören, wüsste er, dass in unserer Familie Vorurteile
gegen Hunde, mögen sie schwarz, weiß, gelb, groß oder
klein, hässlich oder schön sein, nicht geduldet werden. Aber
die Enttäuschung, dass meine Liberalität, mein Wohlwollen
und meine Neugier auf alles, was Hund ist, von meinem
eigenen nicht eins zu eins reproduziert werden, die teile ich
ja mit vielen Pädagogen in analogen Konstellationen.

Weil Wut ihn fliegen lehrt, hat sich Kupfer mehrfach in der Vergangenheit flugförmig und mit gebleckten Zähnen, wie ich ihn sonst nie sehe, auf Baby gestürzt. Natürlich hatte er gegen den Pitbull keine Chance und war binnen Sekunden aus der Position des heldenhaften Angreifers und Blitzkriegers in die Lage des Verteidigers versetzt, der auf dem Rücken lag und sein Leben verteidigen musste. Der Pitbull hätte ihm leicht und nicht ganz unberechtigt den Garaus machen oder ihn doch zielstrebig schwerstens schädigen können. Zu wiederholten Malen beschied sich Baby aber mit einem Punktesieg, auf den es ihm aber auch nicht besonders anzukommen schien. Natürlich haben seine Herrschaft und ich unsere Autorität aufgeboten, um den Kampf zu beenden, und jede Möglichkeit ergriffen, brachial einzugreifen. Aber das ist nicht einfach. Wenn man Pech hat, sorgt gerade das handgreifliche Dazwischengehen für schiefe Bewegungen der Tiere, die dann gerade die Verletzungen zur Folge haben, die man verhindern wollte. Mit dem Einsatz der rein moralischen Autorität der jeweiligen Menschenpartei fährt man in der Regel besser. Einmal war Kupfers Knochengerüst so derangiert, dass ich zum Tierarzt gehen musste, um mich zu vergewissern, dass sein Krauchen nicht auf einen ernstlichen Schaden deutete. Er war tagelang gar nicht in Form und schwer wegen seiner Niederlage deprimiert. Das konnte man daran erkennen, dass er Babys Spuren nicht mehr zum Anlass zu Wutausbrüchen nahm und sogar stumm an Babys Haus vorbeimarschierte. Aber dieser Verzicht auf seine liebste Feindschaft war von kurzer Dauer. Dann war er wieder auf dem Kriegspfad. Kupfer braucht Feinde, und einen so teuren wie Baby gibt er einfach nicht auf.

Nach dem schlimmsten der Rencontres klingelte es bei uns an der Haustür. Babys Herrschaften erkundigten sich über die Sprechanlage nach Kupfers Befinden. Sie wussten, in welchem Haus wir wohnten, aber um unter dreißig Klingeladressen (Vorderhaus, zwei Seitenflügel) die richtige zu treffen, mussten sie sich extra bemüht haben. Leute mit der klammheimlichen Freude am Image des Kampfhundes können sich, auch wenn ihr eigener lieb und brav ist, eben besser als andere in solche hineindenken, die einen echten haben, welcher wie ein Cockerspaniel bloß ausschaut.

Seit einiger Zeit sehen wir Baby nur noch selten, halten aber dennoch fleißig nach ihm Ausblick, ich zunehmend ängstlich, mein Hund eher in der frohen Erwartung, von der Phantasietätigkeit zu action übergehen zu können. Tatsächlich trat Baby einmal überraschend aus einer Haustür in einer Gegend, wo ich ihn nie vermutet hätte. Dann geschah es, dass Kupfer plötzlich durch eine offene Kneipentür ins Innere stürzte, weil er Baby nicht gesehen, aber unfehlbar durch allen Zigarettenrauch und Bierduft hindurch gerochen hatte. Manchmal gehen wir noch an dem Haus vorbei, wo er wohnt, ich auch in der Hoffnung, Kupfer habe seinen Lieblingsfeind vergessen. Aber nein, frisch wie in den Tagen, als sie sich noch täglich begegneten, schäumt Kupfer seinen Hass auf. Von Baby höre ich fast gar nichts, allenfalls ein gewisses Grummeln, ein pflichtschuldiges, halbherziges Bellen, das sofort wieder verstummt.

10. Familie, Partnerschaft, Hund

Ganz am Anfang meiner ersten Hundehalterschaft stellte ich Herrn Rutschky oft die unternehmungslustige Frage: «Was ist noch schöner als ein Cockerspaniel?» Und unisono beantworteten wir sie beide, frisch verliebt in den rot glänzenden Nickel: «Zwei Cockerspaniel!» In meiner Begeisterung erwog ich sogar, das Tier zur Ausstellungsreife zu groomen und eine eigene Cockerzucht zu begründen, wenn mein Nickel, wie ich sicher erwartete, überall prämiert werden würde. Daraus wurde dann nichts, schon weil der bloße Gedanke, Nickels Kinder, süße Welpen vom Cockerschlag, an wildfremde Menschen zu verkaufen, mich schreckte. Außerdem hätte ich dann natürlich auch noch eine schöne und kluge Hündin halten müssen. Es stellte sich aber schnell heraus, dass ein Hund, mein Hund jedenfalls, auf weitere

hündische Hausgemeinschaft – handelte es sich nun um potenzielle Geliebte und Ehefrauen oder Brüder und Kumpels
– kein bisschen erpicht war. Nickels Seelenkonstitution war
sogar so diffizil, dass jeder Freudianer ihm einen einfachen
Ödipuskomplex bedenkenlos attestiert hätte.

Der komplette beinhaltet Liebe und Eifersucht gegenüber Papa und Mama, teils gleichzeitig, teils nach- oder
durcheinander. Der ideale Hund will mal Mama, mal Papa
für sich allein und wünscht mal den einen, mal die andere
zum Teufel. Nickel begnügte sich damit, Herrn Rutschky gelegentlich, dann aber mit Knurren und energischer körper-
licher Verdrängungsarbeit, von mir fern zu halten. Nicht
immer nimmt der zurückgesetzte Mensch das so nonchalant
auf, wie es die haushohe Überlegenheit seiner Spezies über
das niedere Tier eigentlich erwarten ließe. Im einfachen Fall
kommt es zu humoristisch gemeinten Spielchen auf Kosten
des Hundes, der gerade diesem Spiel gar nichts abgewinnen
kann. Selbst Nickel, ein gelehriger, ja gelehrter Hund und
dem Machotum ganz abgeneigt, verstand es nicht und
konnte leicht zu zähnefletschenden Drohgebärden provo-
ziert werden, die dann ihrerseits den Provokateur im
schlimmsten Fall zu pädagogischen Maßnahmen greifen ließen, weil man sich ja vom eigenen Hund in den eigenen vier
Wänden so etwas dann doch nicht bieten lassen kann. Es
kann also gerade die Situation mit besonders klugen Tieren
im Augenblick und schließlich auf Dauer so eskalieren, dass
dem Hund wie dem Menschen eine Neurose oder sonst ein
Wesensfehler aufgrund von Überzüchtung und Degeneration attestiert werden. Es gibt und kann aber keine Maßnahmen gegenüber dem geben, was man früher als «Treue» des
Hundes idealisiert hat und heute, da eher der «Naturhund»
im Trend liegt, als schlechte Abhängigkeit vom Menschen

kritisiert. Der Hund ist nun einmal das Menschtier schlechthin. Zum rudimentären Ausagieren des einfachen Ödipuskomplexes kam es bei Nickel allerdings nur in geschlossenen Räumen. Da ließ er sich zur «Eifersucht» stacheln und hatte auch sonst Anfälle von Sorge um die Sicherheit seiner Person Nummer eins, also von meiner Wenigkeit. Zuverlässig geriet er an den Rand der Panik, wenn er mich, mit wem auch immer, tanzen sah. Bei Rock 'n' Roll stürzte er auf die Tanzfläche, sprang flehend und anklammernd an mir hoch und fürchtete offenbar das Schlimmste.

Umgekehrt gilt, dass der Hund uns draußen als ein Gespann sieht, das er führt, und ich habe zu folgen. Jetzt zählen nur Hundenachrichten, Menschennachrichten werden überhört, solange es nur irgend geht.

Auch der anhänglichste, treueste und gut erzogene Hund läuft einer heißen Hündin hinterher, charmiert und bedrängt sie nach Kräften und vergisst, wo er eigentlich hingehört. Auch homosexuelle Anwandlungen hat er immer wieder, mit denselben Konsequenzen wie bei den heterosexuellen, aber mit der zusätzlichen Pointe, dass diese Liebesversuche oft noch in bubenhafte Raufereien übergehen können. Hündische Treue hin oder her, in solchen Fällen hilft wieder nur der Einsatz der brachialen Gewalt durch die angeblich so geliebte Herrschaft. Der Hund wird am Schlafittchen gepackt, angekettet, und mit barschen Worten, vor allem mit dem Einsatz seines Halsbandes vom Typus Teilwürger, hinweggezerrt und erst wieder freigegeben, wenn der andere Hund außer Sicht und auch sein Phantasiebild im Kopf verblasst ist.

Alles, was den Hund draußen so angenehm beschäftigt, das wird ihm da zu einer diffizilen Aufgabe, wo Mensch und Tier zusammenrücken und kleinste Bewegungen die größten Konsequenzen haben können. Manche Erfahrungen, die man macht, bei Busfahrten, in der U-Bahn, bei Einkäufen und Besuchen in fremden Wohnungen, Cafés und Restaurants, könnten einem die Idee eingeben, dass man den Hund besser zu Hause lässt, weil solche Ausflüge das Tier doch bloß stressen. Auch der Mensch, das sei nicht verschwiegen, der seinen Stadthund aus Überzeugung hat und nicht daran denkt, demnächst ins Grüne zu ziehen, kennt Anwandlungen von Kleinmut und Bequemlichkeit und versteckt diese hinter altruistischen Begründungen.

Warum nehme ich Kupfer aber trotzdem (meistens) mit? Sogar bei Regen oder wenn ich weiß, dass meine Vorstandssitzung von einem kleinen Abendbuffet umrahmt wird, das der Hund von Anfang an belagert, was mir peinlich ist. Oder wenn ich mich mit einer unbekannten Person verabredet habe in einem Café, dessen räumliche Gegebenheiten ich gar nicht kenne, zumal ich, um dort hinzukommen, auch noch in der U-Bahn zweimal umsteigen muss? Vielleicht werden Hunde da, wo ich hin will, gehasst? Oder sind strengstens verboten?

Es sind zwei Gründe, derentwegen ich den Hund dann trotz aller Erfahrungen in der Vergangenheit und grüblerischer Vorsicht mitführe. Erstens Kupfer selbst. Unfehlbar nimmt er auch das geringste Zeichen wahr, das auf einen Ausgang seiner Herrschaft in naher oder fernerer Zukunft deutet. Er kennt Koffer und Taschen, er folgt mir ins Bad, wo ich mit dem Lippenstift hantiere und die Schuhe wechsele, er horcht genau auf Verabredungen, die ich mit Herrn Rutschky treffe. Er folgt einem dann auf dem Fuß, setzt sich hin und fixiert einen so intensiv und ausnahmsweise völlig stumm, dass man es sich dreimal überlegt, ehe man die deprimierende Botschaft ausspricht: «Nein, jetzt kannst du nicht mitkommen. Es geht wirklich nicht.» Kupfer gibt nicht auf – schließlich hat er oft schon erlebt, dass der Mensch seine Meinung ändert. Er schaut noch intensiver, sitzt noch gespannter, mit leicht gehobenem Kopf den Augenkontakt suchend. Dann gibt es zwei Möglichkeiten. Ich wiederhole, was ich schon dreimal gesagt habe, denn ich fahre in die Bibliothek, muss auf eine Party oder treffe mich gar mit einem Tierphobiker ... Dann gibt Kupfer auf und zieht sich niedergeschlagen zurück. Kein Protest, nur der Ausdruck schlimmer Enttäuschung, verlassenster Einsamkeit, die sich zur Teilnahmslosigkeit steigert, wenn ich mich tröstend verabschiede. «Ich bin bald wieder da. Sei brav und warte auf mich!» Der Hund scheint meine Berührung kaum wahrzunehmen. Er versinkt in eine so tiefe Trauer, als wäre ich gar nicht mehr existent, praktisch tot. Jedenfalls für ihn, und momentan.

Ganz anders, wenn ich aufgrund seiner Einwirkungen meine halbherzigen Entschlüsse ändere. «Na gut, komm mit!» Eine Explosion der Lebensfreude, der Erleichterung von einer dunklen Last ist die Folge, und Kupfer saust vor Glück durch die Wohnung um mich herum, lauthals bellend. Wieder einmal bin ich froh, dass alle meine Nachbarn auch nicht zu den Stillen im Lande gehören, sodass der Kupferlärm mein Nachbarschaftskonto nicht übermäßig belastet.

Der zweite Grund, weshalb ich Kupfer mitführe, auch ohne das skizzierte Verhandlungsvorspiel, ist prinzipieller Natur. Ein Hund, der in der Stadt lebt, muss am Stadtleben teilnehmen. Man darf ihn nicht so behandeln, als lebte er hier nur mangels besserer Möglichkeiten. Hochtrabend gesagt und in Anlehnung an Max Horkheimers Ideen bezüglich der Anteilnahme, die wir Tieren schulden, die letztlich von der Evolution sitzen gelassen worden sind, auch deutlich ausformuliert, heißt das: Der Tag hat vierundzwanzig Stunden, der Hund wird bestenfalls fünfzehn Jahre alt, und wer sagt denn eigentlich, dass der Hund sich auf einer Party langweilt und nicht vielmehr evolutioniert? Die Chance dazu soll Kupfer jedenfalls nicht vorenthalten werden.

Vorläufig kann ich nur von merkwürdigen und peinlichen Begebenheiten berichten, die ich mit Nickel und Kupfer durchstand, weil ich sie immer und überall hin mitgenommen habe. Nickel zum Beispiel hat es fertig gebracht, in einer fremden, aber gastfreundlichen Wohnung die dort statthaltende Pudelhündin zu scheuchen und in ihren eigenen Wänden quasi zusammenzuschlagen. Draußen, auf der Straße und im Park, hätte er sich die Verletzung der eisernen Grundregel des Hunderüden: «Damen ist alles erlaubt» niemals gestattet. In der Wohnung war es ihm aber unmöglich, zuzusehen, wie die kleine Pudelhündin sich zwischen ihn und mich drängelte.

Spannungsreicher als erwartet konnten auch Familientreffen ablaufen, weil Verwandtschaftsbeziehungen von Hunderivalitäten überlagert wurden. Mein Cockerspaniel stand ein, manchmal sogar zwei imposanten Schlittenhunden gegenüber. Schlittenhunde, die Rennen fahren, sind einesteils in der Situation von Geschwistern und daher sozial trainiert, andernteils verhalten sie sich dauerkonkurrent. Ganz anders jedenfalls als ein Berliner Cockerspaniel, der an seiner Solistenrolle festhält und in prekären Situationen mit eingeschränkten Handlungsmöglichkeiten dazu tendiert, andere Hunde zu ignorieren, wohl in der Hoffnung, dass sie sich ebenso aristokratisch aus der Affäre ziehen wollen wie er.

Die Schlittenhunde dachten aber nicht daran, sondern robbten in unbewachten Augenblicken, keineswegs in feindlicher Absicht, sondern aus reiner Neugier, an Nickel heran, der eisern auf seinem Posten unter meinem Stuhl lag. War seine sensuelle Präsenz von der Naturhundfraktion noch mit: «Ih, ist der weich!» kommentiert worden, so erlebte die Stadthundfraktion nun schöne Momente, weil der seidenhaarige Schnösel jetzt zeigen konnte, das Power nicht allein, vielleicht zum wenigsten, eine Sache von Größe und Gewicht ist. Mein Nickel bewies, lange ehe Marketing professionell betrieben wurde, auch asiatischer Kampfsport auf buddhistischer Grundlage war noch nicht verbreitet, welche Kraft aus dem richtigen Geist fließt. Es kam weder unterm Kaffeetisch noch bei Spaziergängen zu kriegerischen Auseinandersetzungen, nicht einmal ansatzweise; trotzdem erreichte Nickel, dass der große Schlittenhund sich seinem Willen, betreffend Distanz und wechselseitiger Ignorierung, unterwarf. Kupfer ist zwar ein verwöhnter Einzelhund, verlässt sich aber in vergleichbaren Situationen leider ebenso gern auf seine Fäuste wie auf die charismatische Autorität auf der Basis einer Existenz als Star am Familienhimmel.

Natürlich kann man in schwierigen Situationen immer versuchen, den eigenen Hund zu ermahnen, zu schimpfen oder sogar schwer zu deckeln und zu demütigen, sodass er wenigstens vorübergehend Ruhe gibt. Wahre Wunder, so hört und liest man immer wieder, sollen ja bei konsequenter Erziehung des Junghundes und regelmäßiger Auffrischung des Grundgehorsams beim geschulten Begleithund möglich sein. Als Anhängerin der antiautoritären Erziehung beobachte ich die Pädagogisierung der Hundehaltung, wie sie heute in Mode gekommen ist, trotzdem mit Misstrauen. Die Resultate der überall sprießenden Hundeschulen scheinen mir den Aufwand an Geld und Vereinsmeierei nicht unbedingt zu rechtfertigen. Was dort gelernt wird, habe ich Ni-

ckel und Kupfer mit mehr Spaß für beide Parteien auch beigebracht. Mensch-Tier-Gespanne, die gerade Kurs 1 oder 2
absolvieren, um dann auch ein Zeugnis zu kriegen, bieten im
Alltag außerdem keinen schönen Anblick. Ewig wird geübt
bei jedem Ausgang (natürlich an der Leine), immer jüngere
Hunde, fast Welpen zu nennen, werden kommandiert, und
das in einer planvoll reduzierten Sprache, die mich unangenehm an die alte Schulpädagogik erinnert, die sie mit
zweihundertjähriger Verspätung nun nachstellt. Dass heute
überall gelobt und nicht nur bei Fehlern gestraft wird, ist
zwar schön, ändert aber nichts am altmodischen Charakter
des Modells. Es befördert den Irrtum, den im Hinblick auf
Kinder auch die alte Pädagogik beging, dass nämlich Hunde
per se noch gar keine richtigen Hunde sind, sondern erst
durch Erziehung zu welchen werden ...

Außerdem müsste für Hundeschüler gelten, was anderen
doch auch zu wünschen wäre: «Fürs Leben, nicht die Schule,
lernen wir.» Und wer das Leben eines Stadthundes auf Varianten der Grundgehorsamsübungen in all den Situationen
reduziert, die man ihm dann besser gleich vorenthält, der hat
dann eben keinen Hund, sondern ein braves Tier knapp
oberhalb der Plüschgrenze.

Schön war es zu sehen, wie Kupfer das Fahren in Bus und
U-Bahn lernte. Wer immer dabei sein will, muss mit dem
Schrecken fertig werden, den die plötzlich wie aus dem
Nichts auftauchende U-Bahn mit viel Lärm und Wind erzeugt. Eine überfüllte U-Bahn macht Platzangst und ver-
schärft das Problem der Fliehkraft, die sich beim Anfahren
oder Bremsen bemerkbar macht und vom Hund nicht durch
das Klammern an Haltegriffe oder Stangen gelöst werden
kann. Kupfer ließ es sich gesagt sein, dass unter diesen Umständen die Fixierung zwischen meinen Füßen mit Stützung

durch Beine links und rechts doch das geringste Übel ist. Ist die U-Bahn leer, zieht Kupfer es vor, sich mitten im Gang möglichst lang und platt zu machen, wenn er nicht sogar, bei ruhiger Fahrweise, die Umsitzenden neugierig beschnuppert. Meistens trifft es die Richtigen, Leute, die sich von seinem unverhohlenen Interesse richtig geschmeichelt fühlen. Hin und wieder allerdings muss ich ihn aber auch abmahnen, weil ausgerechnet ein Mensch, der dem Hund so besonders sympathisch in die Nase steigt, sich durch ihn furchtbar belästigt fühlt.

Eigenartig, dass ich noch nie Hunde in Bus oder U-Bahn habe bellen hören. Auch wenn zwei oder drei in einem Waggon reisen, nehmen sie voneinander nur durch ernste Blicke Kenntnis – keineswegs nur, weil sie hier (und nur hier) vernünftigerweise an der Leine sein müssen. Ich vermute, sie befinden sich irgendwie in der Lage der ersten Eisenbahnreisenden, der ersten Flieger. Einerseits spüren sie überdeutlich das Tempo der Bewegung, andererseits können sie draußen nichts vorüberfliegen sehen, und drittens treten sie selbst auf der Stelle, und die Menschen um sie herum machen auch so einen passiv-aggressiven Eindruck in Erwartung des Ankommens bei faktischem Nichtstun … Das Fahren in Bus und U-Bahn zähle ich zu den Spitzenleistungen des Stadthundes, und wenn mir jetzt wieder einer mit dem Spruch kommt, dass Hunde nicht in die U-Bahn, sondern aufs Land gehören, dann muss ich ihn aus dem Kreis derer ausschließen, die der Aufklärung, zumindest im Hinblick auf den Stadthund, zugänglich sind.

Froh bin ich auch darüber, dass Kupfer ohne jede Schulung, ganz auf eigene Rechnung, den Unterschied zwischen Wohnung und Restaurant, zwischen Privatheit und Öffentlichkeit, pathetisch gesprochen, begriffen hat. Obwohl ja auch im Restaurant Leute zusammensitzen, die Beine unter den Tisch strecken, Essen aufgetragen wird und andere Hunde anwesend sein können, versteht Kupfer, dass er es hier mit fremden Menschen und vor allem fremden Hunden zu tun hat, die er bestenfalls nie wieder sieht. Keine Gefahr, dass sie sich da einrichten, wo er die Nummer eins ist.

So lernfähig, wie Kupfer im Hinblick auf die Öffentlichkeit sich erwiesen hat, so defizitär scheint er da zu bleiben, wo es um die Zivilisierung des Privatlebens geht. Mir kommt es so vor, als ob es hier zwischen Tier und Mensch Gemeinsamkeiten und Verbindungen gäbe, die der Idee der Koevolution bzw. Stagnation, ja Reaktion, die immer ebenso plausibel und möglich sind, völlig entsprechen.

Mein Hund zum Beispiel ist schmerzlichst berührt, wenn ich ihn wegen der Verletzung der Regeln der Gastfreundschaft oder der Besucherhöflichkeit schimpfe und tadle. Ganz offenbar leidet er unter einem Zwiespalt, nämlich dem, dass er tut, was er tut nicht nur um seinet-, sondern auch um meinetwillen. Er ist der Ritter, dessen persönliche Ehre darin besteht, dass er seiner Herrin dient. Zwischen Mensch und Hund, jedenfalls zwischen männlichem Hund und weiblichem Menschen, scheinen Verhältnisse zu herrschen wie im Mittelalter. Wer sich mir nähert, agiert außerhalb des Protokolls. Man könnte sagen, der Hund ist eifersüchtig, der Hund, als kleiner schwarzer Ritter, verehrt mich bedingungslos – man könnte aber auch sagen, dass ich die Gefangene eines Patriarchats bin, das niemals enden wird – nicht ehe man den letzten Hund kastriert hat.

Ein viel zu hoher Preis für einen unsicheren Fortschritt, den der Stadthund da zahlen müsste. Lieber entwickelt er sich in überraschende Richtungen weiter. Obwohl Kupfer zum Beispiel eher an einer Überdosis Selbstbewusstsein krankt und sein Mut angesichts mörderischer Feinde mich gelegentlich an seinem Verstand zweifeln lässt, hat er sich schon mehrfach standhaft geweigert, Wohnungen zu betreten, in denen neben unseren Bekannten auch noch ihre Hunde lebten.

Das sah dann so aus, dass die Gastgeber samt Hund uns an der Wohnungstür erwarteten. Der unbekannte statthaltende Hund läuft uns im Treppenhaus entgegen, ganz genau so, wie Kupfer es im umgekehrten Fall zu tun pflegt, wenn Besucher vom Parterre in den ersten Stock steigen. Kupfer den andern Hund sehen, wie erschüttert stehen bleiben und auf dem Absatz kehrtmachen ist eine Sache von Sekunden.

Was ist los? Der Mensch ist ahnungslos, erkennt aber, das Bitten, Befehle und scharfe Kommandos jetzt wirkungslos bleiben. Ich folge Kupfer die Treppe hinunter, rede ihm gut zu, und wenn das nichts nützt, natürlich auch ins Gewissen und schleife ihn schließlich an der Leine wieder die Treppe hoch, dahin, wo die Gastgeber warten.

Es ist einer der raren Momente, in denen ich meinen Hund nicht liebe und achte, sondern wirklich und wahrhaftig hasse. Ich kann nicht verstehen, warum dieser als Cocker verkleidete Kampfhund und Supermacho sich plötzlich aufführt wie eine Hysterikerin, die ihre Sensibilitäten zielstrebig einsetzt, um sich in den Mittelpunkt des Geschehens zu stellen. Besonders ärgerlich und empörend, dass er dabei mit der Rücksichtnahme und Höflichkeit, ja der eingefleischten Humanität des Metropolenbewohners spielt, der sich gerade durch diese schönen Eigenschaften in seinen Augen als Primitivling zu erkennen gibt. Wer kennt nicht die Leute, welche im Hochsommer im bullig heißen Bus auch noch das Schließen der kleinen Klappfenster verlangen, die normalen Menschen mit dem Luftzug Hoffnung aufs Überleben machen! Ihre Begründung: «Tut mir Leid, es zieht hier fürchterlich!» Meine liebste Hysterikerin war lange Zeit eine allein erziehende Mutter, die Kupfer das Bellen auf der Straße quasi polizeilich untersagen wollte, weil ihr Töchterchen das Geräusch nicht vertrug ...

Und jetzt im Treppenhaus hat sich mein Hund, den ich (siehe oben) aufgrund seiner Bitten mitgenommen und den zu beruhigen, zu trösten und zu beschützen ich jederzeit bereit bin, in einen Hysteriker verwandelt. Er will stante pede nach Hause gebracht werden und interessiert sich nicht für Vermittlungsversuche, seien sie auch noch so nett gemeint und schlau eingefädelt. Das Rätsel, weshalb Kupfer keine Pfote in die Wohnung setzen kann, in der ein freundlicher Mischlingshund wohnt, bleibt ungelöst. Herr Rutschky hat mehr Sinn für hysterische Zustände, zumindest wenn es um unseren Hund geht, als ich. Voller Mitleid erklärt er, dass wir mit dem Essen ruhig schon mal anfangen können. Was ihn betrifft, fährt er erst mal den Hund nach Hause. Spätestens dann, wenn der Hauptgang aufgetragen wird, ist er vermutlich wieder da. Missbilligend schaue ich beiden nach.

Schon wahr, dass Kupfer häufiger als sein Vorgänger erfolgreich war und als Sieger eingelaufen ist.

Von Anfang an tut er so, als gäbe es keine ernst zu nehmenden Hunde außer ihm – und wenn alle andern ihm das abnehmen, umso besser! Das vermeidet Krach und Blutvergießen auf angenehme Weise, jedenfalls aus Kupfersicht. Ich räume gern ein, dass mir das selbstbewusste, ja freche und angeberische Verhalten meiner Hunde nicht unlieb war. Nickel habe ich als Anfängerin erworben: Ich wollte einen feinen und gesunden Rassehund. Bei Kupfer waren die Ansprüche höher. Fünf Welpen hatte ich zur Auswahl und konnte sie nicht unterscheiden, deshalb sagte ich dem Züchter, welcher Hund mir nach der Erfahrung mit Nickel vorschwebte – selbstbewusst und irgendwie rabauzig sollte er schon sein, erklärte ich Herrn Schupetta ... Nach Möglichkeit ein Duplikat von Nickel. Herr Schupetta wies mir Kupfer zu – und tatsächlich hat Kupfer von Anfang an viel Charakter bewiesen. Aber wie Nickel ist er nicht. Menscheneltern machen dieselbe Erfahrung.

Anders als das eine oder andere Familientreffen ist mir die Erinnerung an den mehrtägigen Logierbesuch bei Oskars Herrschaft heute noch peinlich. Oskar war ein sehr schöner und überaus interessanter Boxerrüde, den eine junge Frau in die beiderseitige Zweitehe mitgebracht hatte. Ich hatte Boxer noch nie aus der Nähe erlebt, favorisiere aus unerklärbaren Gründen bis heute Hunde mit langen Haaren, war aber neugierig. Wer nämlich bestimmte Hunde mag, ist auch anderen Sorten relativ wehrlos ausgeliefert. Oskar war vermutlich weniger von mir persönlich als von meiner Neugier bezaubert. Zwar war ich mit meinem Nickel sicher verbandelt – aber das konnte mich von einem Flirt mit Oskar doch nicht abhalten! In allen Ehren. Im Nachhinein dachte ich, dass der Flirt Oskar für die Leiden hoffentlich entschädigt hat, die mein Nickel ihm während jenes Besuchs bereitet haben musste.

Oskar verhielt sich unsicher. Seine Herrschaft vermeldete, dass er auch ohne aufregende Besucher keinen Happen zu sich nähme – es sei denn, das Ehepaar stünde in der Küche daneben. Der Kontrast zu meinem Hund hätte nicht größer sein können. Ganz genauso wie heute Kupfer hatte es Nickel an sich, den Chef zu spielen: «Wo ich bin, spielt die Musik – und dirigieren tu ich auch gern!»

Der schöne Boxer war viel zu verwirrt, um angesichts Nickels präventiver Siegerhaltung den Platzhalter zu geben.

Um allen Komplikationen zu entgehen, wurde Oskar der Boxer zeitweise in einem Kellerraum untergebracht. Dort habe ich ihn besucht und getröstet. Es war mir peinlich, dass Nickel teils den Macho mimte, teils von den Gastgebern aus Höflichkeit auch noch bevorzugt wurde. Es war und bleibt eine komplexe, hoch komplizierte Situation: Leute mit Hund besuchen Leute mit Hund ...

Von diesem Logierbesuch ist ein Foto übrig geblieben, auf dem ich und Oskar zu sehen sind, wie wir auf dem Teppich kuscheln. Das sieht nicht nur sonderbar, sondern sehr obszön aus, und bringt mich auf die grundsätzliche Frage: Welche Ausdrucksformen der Hundeliebe sind zulässig, welche nicht? Als Kupfer wenige Monate alt war, absolvierten wir eine Hafenrundfahrt in Hamburg. Beim Verlassen des Boots trug Herr Rutschky den Hund auf dem Arm – aus guten Gründen; denn das Gedrängel auf der steilen Treppe war enorm und einem winzigen Hund nicht zuzumuten. Die fürsorgliche und zärtliche Anteilnahme an einem Tier, noch dazu von einem Mann, löste von Männerseite krasse Kommentare aus. Ich habe mich damals sehr gewundert. Hatte man es hier mit Verfechtern der traditionellen Hierarchie zwischen Mensch und Tier zu tun? So nach dem Motto: «Küsse niemals einen Welpen!»? Oder sprach hier der Neid aus Menschen, die Liebe entbehrten?

Aber zurück zu meinem Flirt mit Oskar, dem Boxer. Beim Betrachten des Fotos fällt mir auf, dass man mit kleinen Hunden aller Art, auch mit großen, wenn sie nur lange Haare haben, beliebig schmusen kann, ohne dass der befremdliche Eindruck einer erotischen Dienstleistung vom Menschen am Hund entsteht. Meine persönliche Erfahrung sieht allerdings so aus, dass auch das Streicheln eines großen Hundes mit Fellkleid als Massageübung wahrgenommen wird von dem, der streichelt. Ich erinnere zum Beispiel Cora, die Pudelpointerhündin im Wohnhaus meiner Schwiegereltern. Sie war ebenso groß wie liebebedürftig, und was bei einem Dackel wie Streicheln ausgesehen hätte, sah bei ihr aus wie das mechanische Schrubben beim Putzen der Badewanne.

Cora legte sich wohlig auf den Rücken, wenn ich mich ihr in jenen Ferienwochen freundlich näherte, und los ging's mit den handlichen Liebkosungen einen Meter vor, einen Meter zurück. Mitleid war bei mir im Spiel; denn ihre Herrschaft tat nichts dergleichen. Geld spielte dort keine Rolle, aber mit Liebesbezeugungen wurde gegeizt. Zwar entsprach die Dame, der Cora gehörte, insgesamt dem Typus der alten Jungfer, wie er uns seit Wilhelm Busch bekannt ist, aber mit dem Unterschied, an den weder er damals noch wir heute spontan denken, wenn von Hunden, Menschen und Jungfern die Rede ist. Es gibt nämlich nicht nur diejenigen, die ihre Tiere mit Liebe überschütten und sich deshalb der Satire anbieten; viel verbreiteter sind die anderen, jene nämlich, die aus durchsichtigen Gründen einen Hund zwar haben, sich aber dann völlig in Versuchen verzetteln, die mindere Liebe zum Tier, deren sie sich irgendwie schämen, das Tier durch Strenge entgelten zu lassen. Coras Herrschaft, eine betuchte Dame und liebebedürftige Jungfer, kaschierte ihre Sehnsucht mit rigorosen Regeln. Das Wohnzimmer durften Cora und die Langhaardackel erst pünktlich um fünf Uhr nachmittags betreten. Anders als bei Wilhelm Busch, aber in der Negation so sprechend wie bei ihm das Gegenteil, waren die Hunde aus dem jungferlichen, liebeleeren und einsamen Schlafzimmer ausgeschlossen. Sie hatten angekettet vor dessen Tür zu schlafen. Vielleicht ist es ja bloß Geschmackssache, aber mir ist Buschs alte Jungfer lieber, die ihren Hund vom Teller füttert und im Bett schlafen lässt, als jene Dame, die, weil ihr die Schrullen der alten Jungfer nicht mehr zugestanden wurden, den Schalter auf Abwehr umgelegt hat – zum eigenen, aber auch zum Schaden des Tieres. Warum soll man nicht Hunde lieben, wenn Menschen nicht da sind?

Wenn von Stadthunden die Rede ist, wird der Hund des Rentners nie ausgelassen, der ihm den Menschen angeblich ersetzt, und selbstverständlich wird dieser Zustand von guten Menschen nicht gebilligt. Sie sollten sich alle einmal fragen, welcher Mensch willig und fähig wäre, Herrn X. und Frau Y. ihren Hund zu ersetzen. Der nimmt wenig übel, schon gar nicht auf Dauer, hat jede Menge Zeit und verliert nie die Geduld. Gern spielt er nicht nur den zugewandten Besucher, sondern freiweg den herzhaft Bedürftigen, sodass der Rentner, die Witwe usw. sich freuen, weil es doch noch ein Wesen gibt, dem sie sich unersetzlich machen können.

Seit vielen Jahren kenne ich vom Sehen einen Rentner, immer in Begleitung seines winzigen, recht gerupft aussehenden Yorkshireterriers. Selten bewegt der Hund sich auf der Erde, meist schaut nur sein Kopf aus der prähistorischen Ledertasche. So unansehnlich, wie der Hund ist, scheint er doch trotz seiner Winzigkeit seit langer Zeit dem Mann so ziemlich alles zu bedeuten. Alle, die ihn kannten, haben sich dann sehr gewundert, als der Mann plötzlich lamentierend um die Ecken schlich und jedem, der es hören wollte, mitteilte: «Erst noch im Krankenhaus, jetzt ist Evi tot. Was soll ich bloß machen!» Eine Antwort erwartete er wohl nicht; schließlich hatte er ja den Yorkie dabei. Evi dagegen war uns völlig unbekannt.

Eine schon fast herzliche Gruß- und Plauderbeziehung auf der Grundlage unserer beiderseitigen Hundehaltung verbindet mich mit einem Frührentner, der viele Jahre mit

«Nougat», einem Mischling, unterwegs war, den er nun durch eine kleine Hündin ersetzen musste – «aus dem Ruhrgebiet», erläuterte er mir. Warum er sich früh aus dem Arbeitsleben verabschiedet hat, darüber habe ich nur Vermutungen. Unglückliche Umstände addieren sich zur geringen Belastbarkeit einer zarten Seele. So ungefähr. Seinen Hund nimmt er natürlich auch auf Wanderungen mit, die seine «Gruppe» veranstaltet.

Bekannt sind mir außerdem zwei Witwen, die sich jahrelang in der Pflege ihrer körperbehinderten Ehemänner verausgabt haben. Nun haben sie Hunde, und zumindest die eine hat über dieser Entwicklung ihren Habitus, ja ihren Charakter völlig geändert. Jahrelang giftete sie gegen mich und Kupfer von ihrem mit Kunstblumen verzierten Balkon im Parterre, hemmungslos und ziemlich ordinär. Der Grund: Ich hinderte Kupfer nicht daran, mit gehobenem Bein ein Zeichen an die Hauswand zu setzen, so wie andere Hunde vor ihm es getan hatten. Nun, seitdem ich sie öfter mit ihrer kleinen Hündin treffe, tut sie, als wären wir bestens bekannt (was ja auch stimmt), und versäumt es nie, in einen floskelhaften Austausch über die Hitze, die Kälte oder was sonst ansteht zu treten.

Sind Sonderlinge, alte Jungfern und Witwen spätestens seit Ludwig Richter und Wilhelm Busch gut eingeführte Topoi des Hundediskurses, so ist die Verbreitung eines ganz neuen Typus von Hundehaltern im öffentlichen Bewusstsein noch nicht richtig registriert worden. Altmodisch gesprochen sind es die Armen, Leute, die etwa im Jahr 1930 nie und nimmer einen Hund gehabt hätten. Schon das Hundefutter wäre ihnen unerschwinglich gewesen. Heute sind die Armen Menschen, die als Langzeitarbeitslose, allein erziehende Mütter oder sonst wie sozial und mental gehandicapte

Bürger verbriefte Rechte haben, die sie oft auch wahrnehmen. Viele haben einen Hund, gar nicht so wenige einen der in den vergangenen zehn Jahren in Mode gekommenen so genannten Kampfhunde.

Oft sah ich vor dem Rathaus, wo die Klienten der Sozial- und Wohlfahrtsämter vorsprechen müssen, Hunde warten; denn mit hinein dürfen sie natürlich nicht. Manchmal warteten sie allein; manchmal kam es, gerade im Sommer, auf den Bänken neben der Rathaustür auch zu längerfristigen Soziotopen von Menschen mit Hunden. Es wurde geraucht und getrunken, auch mal ein Hund aus der Büchse gefüttert. Nun hat man die Bänke abmontiert. Als ich das bemerkte, zugegeben, vor allem weil ich die Hunde vermisste, die auch diesen Herrschaften so anhingen, wie es Hundeart ist, wiegelte Herr Rutschky sofort ab. Er kennt schließlich meine Neigung zur Bürokratiekritik. «Die Bänke waren vielleicht durchgerostet und werden erneuert.» Darauf ich: «Und warum gerade die neben der Rathaustür?» Meiner Überzeugung nach hat eine Koalition von Hausmeistern, Angestellten und schwarz-rot-grünen Volksvertretern die Bänke abgeschraubt, damit ihnen und uns der Anblick der Armen mit Bierdose und Hund schon am frühen Vormittag erspart wird.

Als privilegierte Flaneurin lernt man viele Arme kennen. Zum Beispiel jene Arbeitslose, die sich, immer in Begleitung der winzigen «Kampfhündin», im Kreis ihrer Bekannten in einer Nischenexistenz irgendwie eingerichtet hat. Selbst Vegetarierin, kauft sie diesem Tier ab und an echtes Rindfleisch. «Das Stück mit dem Knochen», verlangte sie neulich im Supermarkt. «Ist für meinen Hund!» Die politische Brisanz, die er gewonnen hat, scheint sie weniger zu beunruhigen, als ich vermutet habe. Vorsichtig sei sie ja schon immer gewesen, und nun, weil sie den Maulkorbzwang hat kommen sehen, übte sie schon seit Tagen mit dem Hund. Als anständige Bürgerin und geordnete Arme wird sie ihn durchs Leben bringen. Warum hält sie keinen Dackel oder einen unauffälligen Mischlingshund, da «Kampfhunde» doch schon seit zehn Jahren so umstritten sind, vermutlich übrigens nicht zufällig parallel zur Wende mit ihren Folgen und der Stabilisierung der Arbeitslosigkeit auf hohem Niveau? Warum kümmert sie sich überhaupt, so wie viele andere in ihrer Lage, um einen Hund und nicht vielmehr um ihre Fort- und Weiterbildung? Nicht mehr lange wird es dauern, bis jemand darauf kommt, das Unglück gewisser Kreise zumindest teilweise der Großzügigkeit der Sozialämter, unverantwortlichen Schwangerschaften Minderjähriger und der allgemeinen Erlaubnis zur Hundehaltung zuzuschreiben. Es muss schließlich Gründe geben, und seit Alkoholismus und Drogengebrauch aller Art als Krankheit approbiert sind, anders als bei der Debatte der sozialen Frage im 19. Jahrhundert, werden in Zukunft eben neue Erklärungen gebraucht.

Es sind Kapitalismus- und Gesellschaftskritiker, Menschen mit hohen Idealen und strengen Maßstäben, die immer dann von Ersatzbefriedigung reden, wenn sich etwas Neues tut. Seit Busch ist der Hund der Ersatz. Er ersetzt angeblich Liebe, Sexualität, Familie und nicht zuletzt Kinder – heute außerdem Arbeit, soziale Anerkennung, Macht und Geltung im öffentlichen Raum, die sonst nicht zu haben sind. Wo Kupfer wohnt, hat sich der Spruch eingebürgert: «Kinder sind ein ganz schlechter Hundeersatz.» Richtig angewendet kann dieser Spruch die Lebenslage von Rentnern, Witwen, Arbeitslosen, Armen und auch Straßenkindern erhellen, die immer einen Hund dabei haben, einen Fixpunkt auf vier Pfoten, den auch ein gut geführtes Heim ihnen nicht immer bieten kann.

Wer im Hinblick auf Hunde von Ersatz redet, kann natürlich nie die Frage beantworten, warum auch Leute, die weder verwitwet noch arbeits- oder kinderlos sind, einen Hund haben. Wer sich umhört, kriegt viele Gründe zu hören, die man oft als oberflächliche Rationalisierung einordnen muss. Mal werden die Kinder angeführt, die sich mit dem als Hausgetier angebotenen Hamster oder Kaninchen nicht zufrieden geben wollen, mal beruft man sich auf die gesunden Spaziergänge, die durch den Hund zwangsläufig werden. Gar nicht selten sind die Leute, die zu ihrem Hundeglück, wie sie durch ihre Erzählung beweisen, quasi gezwungen worden sein wollen. Die einen haben einem ratlosen Bekannten einen Welpen abgenommen, nachdem dessen Hündin unabsichtlich in die Schwangerschaft geraten war. Massiert treten seit einigen Jahren auch Leute auf, die sich bei Ferienreisen nach Südafrika, Spanien, Italien und Griechenland in einen Hund verliebt haben, der sich ihnen am Strand oder sonstwo sehr bemerklich gemacht hat. Selten sind es Tiere, die unter ästhetischen Gesichtspunkten bemerkenswert sind. Bedenkt man aber die Zahl der streunenden Hunde in diesen Gegenden, müssen es in jedem Fall Hundepersönlichkeiten exquisiter Natur sein, die sich frei laufend Touristen unentbehrlich zu machen wissen. Rein technisch ist es nicht einfach, einen Hund von so weit her nach Berlin zu importieren, teuer ist es außerdem. Aber es gibt Leute, so habe ich gelernt, die brauchen große Strafen vorab, um sich einen tief schlummernden Herzenswunsch zu erfüllen. Ins Tierheim zu gehen und einen Hund von seiner Einsamkeit und seinem Menschenhunger zu erlösen, reicht ihnen nicht – es muss eine Rettung im großen Maßstab sein, und als Retter müssen sie vorab auch erwählt worden sein.

Ob dieser Hund im Bett schlafen darf, ist dann die weitere Frage. Die meisten haben nichts dagegen, wie Umfragen beweisen. Die andere, wie man einem großen, glatten Hund wie Oskar in seinen unersättlichen Liebesbedürfnissen begegnen kann, ohne für sich selbst in den Ruch einer perversen Handlung zu geraten, bleibt offen. Was soll's, sagte ich mir damals, ich reise ja übermorgen wieder ab! Strabele und streichele ich diesen Boxer eben so, wie es in den Anzeigen bedürftigen Männern versprochen wird, mehr oder weniger. Die Liebe des Menschen zum Hund und auch umgekehrt ist komplex.

11. Rasse und Klasse

Warum hat der Mensch den Hund, den er hat, und nicht vielmehr einen ganz anderen? Natürlich habe ich für fast alle Fragen Antworten, oder besser gesagt Meinungen, parat. Ob es die richtigen sind, lasse ich aber beim gegenwärtigen Stand der Stadthundforschung offen – diese als unterentwickelt zu bezeichnen wäre noch eine Übertreibung. Sie existiert nicht, jedenfalls nicht in deutscher Sprache. Bis sich an diesem Zustand etwas ändert, begnügen sich Hundefans aber ganz gern mit dem zwischenmenschlichen Expertengespräch unter Betroffenen. Es ist schön, einen Hund zu haben, fast ebenso schön, ist es, über ihn zu reden, insbesondere dann, wenn es der erste Hund ist und alles, was er tut, einem neu und frisch ist. Was mich betrifft, so weiß ich auch die Situation durchaus zu schätzen, in der ich speziell Junghundhalter belehren und an meinem reichhaltigen Wissen sowie dem an zwei Cockerspaniels bislang gesammelten Erfahrungsschatz teilhaben lassen kann. Schließlich war ich ja nicht zufällig Lehrerin, ehe ich zu meiner jetzigen Existenz als Heim- und Schreibtischarbeiterin gekommen bin.

Es hat Sommernächte und Winterabende gegeben, wo es Herrn Rutschky dann doch etwas mulmig wurde, weil das rein mit Rücksicht auf den Stoffwechsel obligate abendliche Ausführen des Hundes sich bedenklich lange hinzog. Aus den üblichen zehn, zwanzig Minuten wurden dann fünfzig, sechzig, in denen ich wieder mal eine Freundschaft fürs Leben geschlossen habe, wie Herr Rutschky solche Exaltationen unter Hundefreunden zu kommentieren pflegt. Verplaudern kann man sich auch untertags leicht genug, aber die Nachtgespräche sind doch etwas anderes. Die Stadt wird stiller und weiter. Der Autoverkehr ist ausgedünnt, die Fußgänger abzuzählen, wenn ich meine gewohnte Runde um den Block ziehe. Angst habe ich eigentlich nie, gleich, ob ich um zehn Uhr abends oder um zwei Uhr früh unterwegs bin, hatte ich nicht einmal zu Zeiten, in denen Frauen als gefährdete Spezies beschrieben wurden. Ein Hund schützt, das lernt man schnell, nicht, weil er jemandem Angst macht oder ich Kupfer auf «Fass» trainiert hätte und zur Verteidigung heranziehen könnte. Ganz im Gegenteil bewährt sich das Tier auch nachts, genauso wie tagsüber, in vielen Situationen als Antistressor. Betrunkene Verzweifelte und testosterongeplagte Jugend werden nach meiner bisher unwiderlegten Erfahrung von ungesetzlichen Impulsen durch den Anblick eines Hundes wundersam abgelenkt. Man muss sich nachts allerdings auch mal Kurzvorträge von Leuten anhören, die tags und nüchtern den Mut zu solchen Ansprachen nicht fänden. Das Themenspektrum ist breit und der Tenor der Ausführungen, bei Tageslicht besehen, oft sehr bedenklich. Man glaubt gar nicht, wie kurz die Argumentationsstrecke zwischen einer wilden Mülldeponie am Bordstein und Vorschlägen zur Neuregelung des politischen Asyls oder der Sozialhilfe sein kann.

Nicht alle versteigen sich zu Ansprachen, die weit aufs Feld der Gesellschaftsreform, ja Revolution führen, viele geben auch Einblick in eine Lebensgeschichte, in der irgendwann einmal ein Hund eine große Rolle gespielt hat. Die Umstände, unter denen er aus ihrem oder dem Leben überhaupt verschwunden ist, waren immer entweder dramatisch oder furchtbar traurig. Ich habe von gestohlenen, vergifteten und ertrunkenen Hunden gehört, deren Bild sich nun angesichts von Kupfer und mir im benebelten Kopf wieder aufbaute. Wer einen lebenden Hund bei sich hat, ist verpflichtet, ganz besonders am Leiden der Leute teilzunehmen, die ihren Hund der so genannten Erlösung zuführen mussten, mit guten oder vielleicht auch nicht ganz so guten Gründen. Erlösung wovon und wozu? Seit der dicke schwarze Pudel und die Schäferhündin Tanja aus meiner Gegend wegen Erlösung verschwunden sind, setze ich mein Mitgefühl aber mit Vorsicht ein. Der Pudelmensch, der Anspruch darauf erhob, hatte den älteren Hund erlösen lassen, weil der tagsüber so viel allein sein musste. Tanja dagegen erlitt einen leichten Schlaganfall und hatte vorübergehend ein Gehproblem. Nein, erklärte mir die Frau, sie gehöre nicht zu den hartherzigen Menschen, die ein Tier lange leiden lassen! Nun leiden beide schon lange nicht mehr, sondern sind erlöst.

Die Beliebtheit dieses Euphemismus für die Tötung eines nahen Lebewesens versteht man besser, wenn die Erzählung vom traurigen Ende rückwärts fortschreitet bis zum Anfang, der oft als Rettung des Hundes berichtet wird. Das Rettungs-

motiv bleibt am unauffälligsten bei Leuten aller Klassen-
und Bildungsgrade, die bei aufkommendem Hundewunsch
so vernünftig sind, ins Tierheim zu pilgern. Man muss doch
nicht viel Geld bei einem Züchter lassen, wenn diese schöne
Einrichtung so viele Tiere bereithält, die nur darauf warten,
endlich eine gute Herrschaft zu finden! Während man sich
einen Hund zulegt, stellt man sich auch noch in den Dienst
einer guten Sache, die Tierliebe und Tierschutz heißt.

Was sich so vernünftig anhört, kann es dann unterm
Strich so wenig sein wie die Parole einer Supermarktkette:
«Prima leben und sparen» oder die Devise «Im Kaufen sparen», die alle Schnäppchenjäger und Ausverkaufssüchtige
emsig in die Tat umsetzen. Die Frage nach dem, was man
wirklich braucht zum Leben, zielt auf die Frage nach dem
Glück, und insofern kann auch ein mit preiswerten und reduzierten Gütern geführtes Dasein glücklich sein. Mit der
Idee der Sparsamkeit verträgt sich das Glück aber nicht,
denn mit der betrügt man nur sein Schuldgefühl beim Ver-
schwenden von Geld und anderen kostbaren Gütern wie Zeit
und Liebe, zum Beispiel an einen Hund. Braucht man den
wirklich? Es bleibt eine anrüchige Angelegenheit, die un-
entwegter Rechtfertigung bedarf. Schuldlose, oder besser
schuldgefühlsfreie Hundehalter finden und fanden sich
wohl nur in ganz feinen, aristokratischen Kreisen, in denen
der Hundeluxus wie jede andere Prachtentfaltung dem politischen Gesamtzweck der Herrschaft diente.

Jedenfalls wissen die Leute, die heute einen Hund aus
dem Tierheim bezogen haben, immer etwas zu erzählen, was
ihr Tun in ein moralisches Licht rückt. Wenn seine Vorgeschichte bekannt ist, war sie gräulich. Kupfer und ich sind
zum Beispiel mit einem Terrier von wenig ansprechendem
Charakter bekannt. Das Tier wurde aus einer Zwangslage

gerettet, ehe sich auch noch herausstellte, dass die infolge Misshandlung kaputte Hinterhand tatsächlich irreparabel geschädigt war. Besonders treu hält seine Herrschaft nun zu ihm und hat es auch verstanden, bei uns Nachsicht zu erlangen für das hinkende, hässliche und ewig kläffende Tier. Es gibt ja hässliche Hunde, die außerdem auch noch akustisch sehr danebenliegen! Und umso mitleidiger geliebt werden.

Ist die Vorgeschichte eines Tieres nicht bekannt, ergehen sich seine Retter dennoch gern in Phantasien über seine dunkle Vergangenheit. Mit Kindern, Kellnern, Regenschirmen oder Staubsaugern muss er traumatische Erfahrungen gemacht haben, so wird gemutmaßt, sonst wäre manches Verhalten gar nicht zu erklären, das man bei einem normalen Hund auch keinesfalls durchgehen ließe. Nicht so bei dieser Waise, die ihr Urvertrauen verloren hat und nun ganz besondere Ansprüche an den Retter stellt. Anders als bei mir, wo die prächtige Entwicklung Kupfers praktisch schon vom Züchter programmiert und vorhergesagt wurde (bei Versagen Rückgaberecht!), können Retter selbige aufs Konto ihrer Aufopferung und Klugheit setzen.

Der Weg der Vernunft ins Tierheim und zum Hund ist aber nicht jedem gangbar. Es gibt Leute, die ihn mehrfach gehen und, um sorgfältig zu wählen, auch schon mal einen ernsthaften Kandidaten auf Probe mit nach Hause nehmen. Andere erzählen, dass der Hund, den sie sich dort aussuchen wollten, eigentlich sie ausgesucht hat, sodass alle anderen, die dort immer noch warten, praktisch gar nicht mehr in ihr Blickfeld gerieten. Es kann aber auch so kommen, wie bei der Freundin, die bis heute noch keinen Hund hat. Auf halbem Weg auf dem Gelände des Tierheims bekam sie einen Weinkrampf und begab sich schleunigst hinweg.

Andere Leute wiederum sind zwar weniger empfindsam,

brauchen dafür aber das Schicksal bzw. den Zufall, der sie zu ihrem Glück zwingt. Ins Tierheim oder zu einem Züchter gehen sie nicht; denn zu beidem gehört ein robuster Entschluss, zu dem sie aber gerade nicht fähig sind. Ein bisschen ist es wie mit dem Kinderkriegen. Da gibt es ja auch viele Leute, denen die Technik die Möglichkeit zu weitläufigen verantwortlichen und partnerschaftlichen Diskussionen und Planungen gegeben hat und die dann doch immer tiefer in eine Sackgasse geraten. Entweder ist die Zeit für ein Kind ganz unpassend, oder es will, wenn es dann passt, einfach nicht kommen. Wenn dann nicht der Zufall rettend eingreift, die Pille vergessen wurde, das Präservativ versagt hat oder ein anderes Wunder geschieht, dann wird es nichts mit der Vermehrung. Oder dem Hund.

Neulich traf ich einen Bekannten, dem ich offen gesagt einen Hund nie zugetraut hätte. Es war ein halbhoher, spitzartiger Mischling, den er mit sich führte, Grundfarbe schwarz, blond paspeliert. Er heißt Freitag, weil er an diesem Wochentag, angebunden und offenbar ausgesetzt, gesehen und vom Fleck weg adoptiert wurde. Herr S. machte auf mich einen glücklichen, ja geradezu beseligten Eindruck, wie es ja auch nicht anders sein kann, wenn sich von einem Tag auf den andern plötzlich ein Wunsch erfüllt, von dem man gar nicht gewusst hatte, wie tief er saß.

Wie um dem bewegenden Ereignis die Dramatik ein wenig zu nehmen, erläuterte Herr S., dass er zwar noch nie einen Hund gehabt, aber doch zusammen mit seiner Lebensgefährtin öfter darüber gesprochen hätte, wie es wäre, wenn. Nun gibt es in Berlin ja viele Hunde, aber zu einer näheren persönlichen Bekanntschaft mit einem konkreten kam es erst bei einem Freund und Geschäftspartner, und dieser Hund war eben der Auslöser der Erwägungen und Überlegungen gewesen. Der Hund hatte ihn fasziniert, interessiert, begeistert, irgendwie rührte sich ein Verlangen nach Gemeinschaft mit einem Wesen, das so nah und zutraulich ist, so froh und freudig, andererseits aber auch nicht redet und letztlich natürlich völlig unverständlich bleibt. Ein Hund eben!

Ich habe Herrn S. im Verdacht, dass er sich damals in den Hund seines Geschäftsfreundes verliebt hat, gewissermaßen unglücklich, und behaupte, dass der weitere Verlauf der Geschichte, der zu Freitag geführt hat, diesen Verdacht erhärtet. Erstens hatte der Hund ja bereits eine Herrschaft und zweitens handelte es sich bei diesem Hund um einen Bullterrier. Herrn S. fiel das weiter gar nicht auf, geschweige denn, dass er sich daran störte. Die tönenden Reden von dessen Halter, in denen auf die unglaubliche Tapferkeit und Stärke dieser Rasse abgehoben wurde, konnte er mit seiner Wahrnehmung von einem umwerfend anziehenden Wesen gar nicht zusammenbringen. Herr S. beschloss, sich einen Hund zu kaufen, und nach dieser Vorgeschichte konnte es sich bei dem Hund nur um einen Bullterrier handeln.

Erst als es ernst werden sollte, fiel ihm plötzlich auf, dass der Bullterrier als «Kampfhund» gilt und zusammen mit allen anderen Rassen, die zu Recht oder zu Unrecht unter diesem Begriff firmieren, seit den neunziger Jahren des letzten Jahrhunderts eine immer schlechtere Presse bekommen hat. Herrn S. verließ der Mut.

Leicht hätte die Verwirrung von Herrn S., der sein Urerlebnis Hund nun einmal mit einem Bullterrier gehabt hatte, dazu führen können, dass er seinen Hundewunsch wieder tief in sich versenkt. Er hatte ja bisher ohne Hund gelebt und würde wohl auch künftig über die Runden kommen! Die Monate vergingen, es hätten so Jahre werden können, in denen Herr S. vielleicht wehmütig an den Bullterrier

gedacht und beim Anblick eines Tieres auf der Straße nur
eben gelächelt hätte – fast ohne es selbst zu merken, ganz genauso, wie viele andere Passanten es auch tun. Auf diese
sonderbar selbstvergessene Art gelächelt wird auch beim
Anblick von kleinen Kindern, strahlenden jungen Müttern
und Vätern, frischen Liebespaaren im Frühling – aber eben
auch bei Hunden, die ihrer Wege ziehen.

Herr S. hatte aber Glück. Auf dem kleinen Parkplatz in
dem Dorf, wo er ein Ferienhaus hat, saß der kleine Mischlingshund, einem Bullterrier so unähnlich wie nur möglich.
Anderen war er auch schon aufgefallen, und alle waren froh,
dass Herr S. ihnen die vage Verantwortung abnahm, die so
ein verlassenes Tier beim Betrachter auslöst. Ewig kann er
da nicht sitzen bleiben; einer bringt ihm schon Wasser, ein
anderer auch noch Futter. Herr S. gab sich einen Ruck, und
nun hat er einen Hund und muss sein Leben neu justieren.
Erstaunlich und ein wenig beängstigend teilt er mir mit, wie
viel Zeit man für so ein Tier braucht! Zwei Stunden geht er
mit ihm spazieren, eine halbe Stunde kämmt und bürstet er
Freitag, der das sehr goutiert: «Und dann muss ich ja auch
noch mit ihm spielen!» Besorgt erkundigt er sich, wie lange
man einen Hund im Allgemeinen, einen verlassenen, ent-
täuschten und vielleicht traumatisierten im Besonderen,
vielleicht nach einer Eingewöhnungsphase überhaupt allein
lassen darf? Verblüfft hört er, dass Kupfer, ohne Schaden an
seiner Seele zu nehmen oder das Mobiliar zu demolieren, daheim und sogar im Hotel gut und gern sechs Stunden allein
ausharrt.

Mir ist in den zwei, drei Jahren, als bei Rutschkys ernsthaft die Anschaffung eines Hundes diskutiert wurde, kein
Hund zugelaufen, vielleicht weil ich mir seit Kindertagen
einen «schönen» Hund gewünscht hatte, und da kam nur ein

Hund von Rasse und Stil infrage, wie er selten ausgesetzt wird. Während meiner Prägezeit Ende der vierziger und in den fünfziger Jahren traten in der Öffentlichkeit und mit hinreichender Frequenz eigentlich nur drei Hunderassen in Erscheinung, nämlich Dackel, Pudel und Schäferhunde. Schäferhunde sah ich bei der Polizei, als scharfe Wachhunde hinter Gittern und Zäunen, und außerdem war mir bald bekannt, dass Hitler immer gern mit seiner Schäferhündin Blondi posiert hatte. Dass Blondi Hitler gar nicht schätzte und Fototermine dem Hund zur Qual und dem Führer zur immer wiederkehrenden Enttäuschung gerieten, erfuhr ich erst viel später. Kurz und gut, Schäferhunde gehörten ins Kapitel «Aufarbeitung der Vergangenheit» und standen unter Faschismusverdacht. Pudel kamen auch nicht infrage; entweder waren es Damenhunde oder ganz im Gegenteil Nuttenhunde, verpimpelte Kläffer an bunten Lacklederleinchen. Blieben die Dackel übrig, die ich feurig vor allem in Gestalt der roten Langhaardackel, aber aus der Ferne verehrte. Solchen Schönheiten bin ich oft nachgelaufen.

Viel weiter hat sich das Ideal von meinem Hund dann auch nicht entwickelt. Von den inneren Werten her gesehen, muss es ein Jagdhund sein, von den äußeren einer mit ausgeprägter Schnauze und Nase zum Schnüffeln, mit Schlappohren und seidigem, langem Behang. Was sich bis 1973 bei mir geändert hatte, als ich endlich zu einem Hund kam, waren die Ambitionen hinsichtlich der Größe. Warum sich mit einem Dackel bescheiden, wenn es Setter gab? Ich glaube noch heute, dass Engel, nähmen sie einmal Hundegestalt an, als Setter in Erscheinung träten, genauer gesagt, als Irish Setter. Schöner kann keiner sein! Sieht man dazu ihre flüchtige, schnelle und gleichzeitig scheue, eben überirdische Wesensart in Bewegung, dann ist das doch wirklich zum Niederknien!

Die siebziger Jahre können als das wissenschaftsgläubige Jahrzehnt des 20. Jahrhunderts gelten. Vor dem Hundekauf stand also das Wälzen unzähliger Bücher an. Danach schraubte ich meinen Ehrgeiz wieder ein wenig herunter und blieb trotz bedenklicher Auskünfte von Experten endlich beim Cockerspaniel hängen. Er lag irgendwie zwischen Dackel und Setter und war gerade auch ziemlich in Mode gekommen. In der Zooabteilung meines Kaufhauses – damals war der Tierhandel dort auch mit Hunden noch gang und gäbe – wurden ununterbrochen Cockerwelpen unter Glas zum Verkauf angeboten, und die Vorstellung, dass man einen Rassehund 1. direkt beim Züchter zu kaufen hat, der außerdem 2. nicht im Zwinger züchtet, sondern en famille, lag noch in weiter Ferne.

Jedenfalls entschieden Rutschkys sich für einen Cockerspaniel und gegen einen Setter, weil nach Auskunft der Wissenschaft wir als Stadtbewohner einem Setter kein anständiges Hundeleben hätten bieten können – wohingegen so ein Cocker in der Stadt als führiger Stöberhund prima auf seine Kosten kommen sollte. Und schön ist er auch – obwohl Ohren und Haarwuchs ihm von vielen Experten übel angerechnet wurden, auch ein Mangel an Wesensfestigkeit wurde ihm unterstellt. Einen gewissen Einfluss auf unsere Entscheidung hatte dann in den Ferien die Begegnung mit einem erstklassigen Exemplar der Rasse, nach dem Erscheinungsbild zu urteilen. Von den festgelegten Standards hatte ich zwar noch keine Ahnung, aber als ich diesen Hund sah, machte es Klick. Der Irish Setter war verschmerzt. Fortan richtete sich die Begierde ganz und gar auf einen roten Cockerspaniel.

Wieder hatte ich Glück; denn so oft ich auch Welpen hinter Glas entzückt betrachtet hatte, zur eigentlichen Tat konnte ich irgendwie nicht fortschreiten. Ich verzettelte mich immer wieder in Grübeleien, welcher von den vieren denn der Richtige für mich wäre. Im Untergrund rumorte wohl auch der empfindsame Gedanke, dass mein Hund nicht durch einen banalen Kaufakt an mich kommen sollte: «Einmal Cocker mit Zubehör, bitte!» Ein Staubsauger hält es ja auch eine Weile bei einem aus, aber schon weil er keinen Namen bekommt, muss es doch Unterschiede geben, wenn man eine Lebensgemeinschaft mit einem Hund und nicht mit einem langlebigen Gerät begründet?

Dann ging alles plötzlich sehr schnell. Als Herr Rutschky an seinem Geburtstag mittags nach Hause kam, hatte ich nämlich durch einfache Recherchen im Berliner Telefonbuch Fühlung mit der verborgenen Welt der Cockerspanielzüchter aufgenommen. Die schienen sich alle zu kennen und alles voneinander zu wissen und strahlten selbst am Telefon so viel Sicherheit bezüglich des Cockerwesens auf mich ab, dass Herr Rutschky und ich, unter Mitnahme des Postsparbuchs, uns unverzüglich auf den Weg machten, Nickel abzuholen. Den Namen hielten wir ja schon lange bereit wie eine gefettete Kuchenform, in die der süße Hund gefüllt werden konnte. Keine Zeit war mehr zu verlieren.

Zwei Züchter hatten gerade Welpen im richtigen Alter abzugeben, ein dritter in ein paar Wochen – den ließen wir gleich weg. Ein gewisses Ritardando hatte ich aber doch noch mit dem Besuch des ersten Züchters eingeplant, der schöne schwarze Tiere vom Typus «Amerikanische Cocker» zeigte. Weiter zur zweiten Adresse, wo uns ein Ehepaar um die vierzig erwartete. Keine Welpen waren in dem Hundesalon zu sehen, und wir kriegten außer Nickel, der später herbeigetragen wurde, auch keine zu Gesicht. Stattdessen gab es eine gründliche Einführung in das, was wir von einem schönen Cocker aus einer guten Zucht zu erwarten hätten, und als Anfängern erklärte man uns auch, was so ein Tier im Gegenzug von uns verlangen würde. Nach zwei Stunden zogen wir ab, die mir heute noch klarer im Gedächtnis sind als viele andere, angeblich so wichtige Ereignisse und Erlebnisse, die das Menschenleben sonst so mit sich bringt. Ich hatte Nickel fachgerecht, wie man es mir gerade gezeigt hatte, auf die Arme genommen; Herr Rutschky trug den Korb nebst anderen unumgänglichen Utensilien ins Auto. Das Züchterpaar schaute uns von der Ladentür aus nach, die Frau mit merklich nassen Augen. Wir fuhren ab, und ziemlich prompt rutschte Nickel aus meinem unsicheren Griff zu Boden, mittenmang zwischen Gangschaltung und Bremspedal.

Schon diese erste Begegnung mit der Eigenwelt der Hundezüchter und Hundeexperten immunisierte mich vollständig gegen die schlechten Meinungen, die über Züchter und Rassehunde immer noch so ziemlich im Schwang sind. Sollte wirklich den einen oder anderen Geldgier motivieren, dann hat er jedenfalls keine Chance, diese durch Hundezucht zu befriedigen. Die Herstellung eines Rassehundes erfordert nämlich so viele Investitionen von Zeit und Geld, dass man sich besser fragt, was das für Leute sind, die sich hier quasi für eine Leidenschaft opfern. Kupfers Züchter, wiederum ein Ehepaar in solidem Mittelalter, boten den Abnehmern ihrer Ware einen so exquisiten Service vor und nach dem Kauf, dass man das Geld für den Hund guten Gewissens eigentlich nur noch als bescheidenen Unkostenbeitrag interpretieren konnte. Die vierzehn Tage alten Welpen durften von allen Interessenten besichtigt werden – und die Züchter besichtigten die Interessenten. Wer züchtet, will keinen Hund verkaufen, sondern in gute Hände geben, bei Personen platzieren, die, wenn irgend möglich, auch Sinn für die Besonderheiten der Rasse und die Kunst entwickeln, die in jedem Exemplar stecken. Jedenfalls wurden alle Entschlossenen in zwei Schichten eingeteilt, zur Kontaktpflege mit ihrem Welpen Samstagnachmittag empfangen und dort mit viel Takt beraten und belehrt. Wir rückten natürlich zu zweit an, andere als Singles von beiderlei Geschlecht oder sogar im Familienverband mit kleinen Kindern und Oma, ganz unterschiedliche Leute, geeint nur in ihrem Entschluss, künftig mit einem Cockerspaniel zu leben. Später, als aus dem glänzend-glatten Welpen Kupfer ein Junghund mit überreichem Haarwuchs geworden war, wurden wir von unserem Züchterpaar zu einem hochnotwendigen Frisierkurs gebeten. Kupfer hatte inzwischen das Aussehen eines Bonsai-Afghanen angenommen, und so viele Leute das auch niedlich fanden, es widersprach den Cockervorschriften in ästhetischer und gesundheitlicher Hinsicht. «Luft muss an die Ohren», erklärte Herr Sch., «und die Ballen schneiden wir frei, dann kriegt der Hund auch keine Plattfüße!» Der Gruppenunterricht mit praktischen Übungen am je eigenen Hund dauerte mehrere Samstagnachmittage. Der erste Geburtstag der acht Hunde, aus denen Kupfers Wurf bestanden hatte, wurde mit einem großen Sonntagsempfang bei Kaffee und Kuchen begangen, den Frau Sch. ausgerichtet hatte. Das alles war im so genannten Kaufpreis inbegriffen, den wir auch mal bezahlt hatten. Kupfer kam kaum teurer als Nickel über sechzehn Jahre früher, und bedenkt man, welche Entwicklung die Preise für Brötchen, Benzin und im öffentlichen Nahverkehr seither genommen haben, dann ist das doch verblüffend. Oder auch nicht: Weder machen Leute Kinder, weil sie aufs Kindergeld scharf sind, noch Hundezüchter Rassehunde, weil sie reich werden wollen.

Rassehunde sind im Prinzip auch deshalb billig, weil sie

sehr gesund sind. Das widerspricht allerdings ihrer allgemeinen Verdächtigung als «überzüchtet».

Dabei gelten alteingesessene Rassen wie Cocker, Pudel oder Schäferhunde für mehr überzüchtet als andere, die gerade erst von weit her importiert worden sind, sich aber auch nicht mehr wirklich im Stande der ungezüchteten Unschuld befinden. Der Verweis auf die Herkunft dieser Hunde aus der Kalahari oder aus Calgary, den Pyrenäen oder dem Jura macht sie aber unverdächtig, im Teufelskreis von Geldgier, Inzucht und Degeneration ihrem wahren Hundewesen schon völlig entfremdet zu sein. Andere sehen den verloren gegangenen Urhund am ehesten im Mischling wiederkehren. Wo ich als Ästhet Stil- und Formlosigkeit bemängele, freuen sich andere über den Hund ohne Zutat und loben seine robuste Anspruchslosigkeit neben dem schlichten Charakter.

Man könnte vermuten, dass die gräulichen Degenerationstheorien des völkischen Denkens nebst seiner Zivilisationskritik zwar aus der Menschenpolitik verschwunden sind, nun aber im Parterre des Hundewesens weiter gepflegt werden. Was folgt denn aus der im Tonfall des Vorwurfs gemachten Beobachtung, dass Wölfe heulen, wohingegen die circa vierhundert anerkannten Rassehundearten bellen? Oder daraus, dass Hunde, die man möglichst weitgehend sich selbst überlässt, um ihre unterstellte wahre Natur zu ergründen, keinen Wert auf Ausflüge mit ihrer Herrschaft mehr legen und auch nicht im Bett schlafen wollen? Der Hund, der sich selbst genug ist, hätte in der langen Geschichte, die ihn mit dem Menschen verbindet, doch keine Chance gehabt – es gäbe ihn gar nicht! Die Attraktion von Haushunden heute, die keine Arbeitsaufgaben erfüllen, beruht auf ihrer Fähigkeit, zwischen dem menschlichen und tierischen Leben zu vermitteln. Auf keine Seite dürfen sie sich schlagen, und das macht sie verdächtig und für beide angreifbar. Als Tiere stehen sie immer im Widerspruch zum Prozess der Zivilisation und den Normen, die er entwickelt. Als Menschentiere andererseits nimmt man ihnen übel, dass sie mit ihrer gelehrigen Anpassung eine Natur verraten, deren Ideal gerade von denen beschworen wird, die ihrerseits auf Friede, Freude, Eierkuchen den größten Wert legen. Lauter Dinge, die in der Natur gar nicht vorkommen, sondern nur in der verabscheuten und ewig bekrittelten Zivilisation.

Anders als in meinen Anfängerzeiten kann ich heute eigentlich jedem Hund etwas abgewinnen, wenn ich ihn bloß näher kennen lerne. Es spricht mich der Hund im Hund an, obwohl sich weder an meinen ästhetischen Vorlieben noch an meiner Überzeugung etwas geändert hat, dass Schönheit es ebenso verdient, vermehrt und gefördert zu werden wie Tugend. Und ich deshalb sowohl den Rassehunden im Allgemeinen wie den Cockern im Besonderen jederzeit den Vorzug gebe vor niedlichen Mischlingshunden.

Natürlich kann man über das, was verschiedenen Geschmäckern als schön erscheint, streiten. Ich mag Hunde nicht, bei deren Züchtung auf Winzigkeit Gewicht gelegt wird; ich mag auch solche nicht, die wie Boxer, Bulldoggen, Pekinesen und Bullies eine platte Nase haben und schwer schnaufen. Gefallen tun mir auch die nicht, denen ein massiger Körper das leichte Traben und die elegante Beweglichkeit unmöglich macht. Ein guter Psychologe hätte es leicht, meine Aversionen gegen bestimmte Hunderassen mit dem Körperbild zu erläutern, das ich von mir selbst habe. Klein, plump, unbeweglich und mit Atemproblemen geschlagen zu sein ist mein Albtraum von jeher gewesen … Dagegen waren und sind meine Hunde immer Statthalter der Schönheit, der unerschütterlichen guten Laune und Vitalität. Beim allergeringsten Anzeichen einer Gesundheitsstörung eile ich deshalb zum Tierarzt, während ich im Hinblick auf mein eigenes Wohlbefinden so lange mit Aspirin operiere wie nur irgend möglich.

Viele Jahre mit Hund haben mich gelehrt, dass andere Hundefans ganz anders ticken. Schöne, elegante und teure junge Menschen laufen zum Beispiel mit einem Hund herum, der potthässlich ist. Ich phantasiere dann darüber, dass diese beneidenswerten jungen Menschen sich doch wohl über den Hund versichern. Liebe soll kein Lohn sein, sondern eine Erkennung des Wesens in allgemeiner und individueller Hinsicht. Es ist nur in dem Paradox auszudrücken: Liebe ist ein verdientes Geschenk.

Dann gibt es Leute, die mit ihrem Hund in einer Parallelaktion verbandelt sind. Torro ist zum Beispiel ein extra plumper Rottweiler mit unkupiertem Schwanz wie neuerdings vorgeschrieben, und seiner Herrschaft fehlt auch jeder Chic, um es vornehm auszudrücken. Dafür sind beide Tag für Tag, wenn Kupfer und ich ihren Weg kreuzen, gut gelaunt. «Klar, dass wir in diesem Leben nicht zu den Gewinnern gehören. Aber nie und nimmer lassen wir uns etwas anmerken. Wozu sollte das auch gut sein?»

Denkwürdig ist die folie à deux, die vor einigen Jahren Herr Z. mit seinem Benni inszeniert hat. Benni war ein bildschöner Schäferhund, der aber seinem Herrn zuliebe von Anfang an den anfälligen, kränklichen Hund spielen musste. Was hat Herr Z. sich aufgeopfert, um dem Tier zur Gesundheit zu verhelfen! Kupfer war noch jung, als ich mir die Geschichte aller fehlgeschlagenen Kuren erzählen ließ, auf die Benni nur mit einer neuen Symptomatik antwortete. Ihn die Treppe rauf- und runterzutragen dürfte Herrn Z. nicht leicht gefallen sein. Ich empfahl, als letzte Rettung bzw. zur Gewinnung einer klaren Diagnose die Universitätsklinik aufzusuchen. Sinnlos, völlig sinnlos; denn der körperbehinderte Mann war ja mit der Medizin und Ärzten jeden Typs bestens vertraut. Den Gedanken, dass Herr Z. mit Benni nur beweisen wollte, dass die da oben gar nichts können, ob beim Menschen oder Hund, behielt ich natürlich für mich.

Es gibt viele Mensch-Hund-Gespanne, bei deren Anblick man seine Phantasien schwer bezähmen kann. So sah ich einmal zufällig die Fernsehfrau C. mit zwei Hunden. Es wäre schon eine Übertreibung, sie als hässlich zu bezeichnen – sie waren unansehnlich, mit einer Quotentauglichkeit um null herum ausgestattet. Was bedeutet nun dieses? Vielleicht rein gar nichts, aber in meinem Kopf Folgendes: Die erfolgreiche Fernsehfrau mit ihren extra faden Viechern demonstrierte unbewusst, dass sie sich oft nach einer besseren Welt sehnt, in der Einschaltquoten so wenig eine Rolle spielen wie die Sorge um eine attraktive Maske.

Warum hat man den Hund, den man hat? Hat man sich für einen Rassehund oder einen Mischling entschieden, bleibt auch noch die Frage nach dem Geschlecht des Hundes zu beantworten. Ich habe nun zum zweiten Mal ein männliches Tier bevorzugt und ein weibliches verschmäht. Andere machen es umgekehrt. Meine alte Nachbarin, die fünfzig Jahre lang Schotten gehalten hatte, schwor auf Mädchen, weil sie in einem Geschäftshaushalt leichter zu halten wären. Das Gassigehen mit einem Rüden, der sein Pipi an hundert Ecken verteilen will, sei viel zu zeitraubend! Anderseits ist die Meinung verbreitet, dass die Beziehungen zwischen Mensch und Hund von dem Sprichwort profitieren: «Gegensätze ziehen sich an.» Frauen kämen mit Rüden, Männer mit Hündinnen am besten zurecht, wohl weil man der Heterosexualität auch hier ein höheres pädagogisches, zivilisierendes Potenzial unterstellt. Ich habe jedenfalls einen männlichen Cocker vor allem deshalb erwählt, weil mir von verschiedenen Seiten furchtbare Geschichten über Scheinschwangerschaften und sonstige Mutterinstinkte zugetragen worden waren, an denen Hündinnen immer wieder erkranken sollen. Das hätte mir gerade gefehlt, ein Hund mit Frauensachen!

Aber auch in diesem Punkt gehen die Vorlieben weit auseinander. Die Geheimnisse der Reproduktion werden nun einmal von weiblichen Säugetieren gehütet, und daran teilzuhaben ist vielen Hundehaltern beiderlei Geschlechts ein wirkliches Bedürfnis. Was mir eine Last gewesen wäre, dem unterwerfen sie sich mit faszinierter Teilnahme, auch wenn die wenigsten dabei so weit gehen, wie der englische Schriftsteller J. R. Ackerley es von sich in einem autobiographischen Text über seine Schäferhündin Tulip erzählt hat. Wie er es anstellt, damit sein Hund im London der Nachkriegsjahre ein schönes, freies Leben führen kann, Sex, Liebe und Mutterfreuden inklusive, und warum er das tut – das ist alles mit einer Genauigkeit und Leidenschaft geschildert, die fast das Obszöne streift. Auch andere haben über Hunde und ihre Liebe zu einem bestimmten hie und da geschrieben, aber vor und nach Ackerley hat es niemand gewagt, diese Beziehung ohne jede Spur von Herablassung zu zeigen und so viel literarischen Ehrgeiz, so viel Energie zu investieren, wie ihm zur Verfügung stand. In seinem kleinen Meisterwerk ist es Ackerley als Erstem geglückt, den traditionellen Einsatz von Hunden in der Literatur zu moralischen und anderen Zwecken zu umgehen, der einem Hundemenschen wie mir so manches klassische Stück verleidet. Wann trifft man da schon mal richtige Hunde und nicht bloß welche aus Gips!

12. Der politische Hund

Gesprächspausen aller Art können leicht überbrückt werden, wenn man den Hund aufs Tapet bringt, den Stadthund, richtiger gesagt. Da hat jeder etwas beizutragen bzw. einen Vorrat an festen, überwiegend kritischen Meinungen parat, die nun auf mich als Stadthundfan herunterprasseln. Als solcher bin ich eigentlich immer in der Defensive, selbst wenn ich auf Leute treffe, die dem Hund an sich nicht Feind sind, ja vielleicht sogar selbst ganz gern einen hätten. Es gibt auch kaum einen zweiten Gesprächsgegenstand, der wie der Stadthund auf eine so lange Laufzeit zurückblicken kann, ohne dass die Kontroversen sich gemildert, gar verändert hätten. Vielleicht käme noch die Homöopathie, die Jugend oder die Psychoanalyse als Dauerbrenner bürgerlicher Geselligkeit in Frage – aber das wär's dann schon gewesen. Das angebliche Thema Nummer eins, die Sexualität, wird zwar im Schutz der Massenmedien in Bild und Ton peinlich genau erörtert, auf Partys ist es mir aber noch nicht untergekommen. Bestimmt nicht jedenfalls in der bekenntnishaften Art und Weise, wie über Hundeerfahrungen gesprochen wird: «Ich habe nichts gegen Hunde, aber in der Stadt haben sie nichts zu suchen!» – «Soll jeder nach seiner Fasson selig werden, ich persönlich mache mir nichts aus S/M.»

Den großen Rahmen, innerhalb dessen seit zweihundert Jahren über den Stadthund gestritten wird, liefert die Obrigkeit in all ihren Verästelungen von oben bei Polizei, Gesundheits- und Gartenämtern bis hinunter zum Busfahrer und Hausmeister. Dass der absolutistische Staat, der 1830 in Berlin die Hundesteuer eingeführt hat, um die Hundehaltung der Unterschichten einzuschränken, seither durch den demokratischen Rechtsstaat abgelöst worden ist (mit den bekannten Unterbrechungen), hat am Rahmen nichts geändert. Der Hund gilt nach wie vor, seiner Beliebtheit bei einer erklecklichen Minderzahl von Stadtbewohnern ungeachtet, als ein Element, das die öffentliche Ruhe und Sicherheit gefährdet. Die Hundesteuer, in Berlin gegenwärtig immerhin für 103 000 Tiere brav entrichtet, wurde nirgends abgeschafft, über ihre Erhöhung und andere, abschreckendere Maßnahmen wird in Abständen immer wieder beraten und auch beschlossen.

Hundefeinden, welcher politischen Observanz sie auch sein mögen, kommt das Systeminteresse der bürokratischen Herrschaft entgegen. Näheres dazu ist bei Max Weber in seinem Hauptwerk «Wirtschaft und Gesellschaft» nachzulesen, hier nur so viel: 1. Die Überlebenskraft der Hundesteuer verdankt sich der Kontinuität der Bürokratie als Herrschaftsform seit den Jahren, als Friedrich Wilhelm III. sie einführen ließ. 2. Wie jede Herrschaft will die bürokratische sich selbst erhalten. Mag das Einkassieren der Hundesteuer auch mehr kosten, als sie dem Stadtsäckel einbringt, was einmal eingeführt wurde, kann nicht mehr aufgegeben werden. 3. Bloße Selbsterhaltung gibt es nicht, sie verlangt immer mehr vom Immergleichen. So kann der arme Bürger heute, anders als 1830, sein Haustier unterstützen lassen, aber nur auf dem Umweg über neue Regelungen und ihre Auslegung. Weber spricht hier von der «Schicksalhaftigkeit» der Bürokratie.

Sie ist uns aber nicht wie eine Fremdherrschaft auferlegt, weil ihre sachlichen und fachlichen, kurz rationalen Verfahrensweisen längst auf die individuelle Lebensführung abgefärbt und einen enormen Erwartungsdruck hinsichtlich umfassender Regelungssicherheit erzeugt haben, sodass schon jeder normale Mensch dauernd in Gefahr ist, wie ein Bürokrat zu reagieren, der an einen imaginären Dienstweg gebunden ist ...

Unterstützt wurde und wird diese Entwicklung von einem Menschenbild, das die rationale Lebensführung auf der Grundlage von Lernen, Arbeiten und Geldverdienen für alle obligat gemacht hat. Erwachsen ist es aus dem Geist der christlichen Askese und der Selbstdisziplinierung des protestantischen Gläubigen, wie ebenfalls bei Max Weber nachzulesen ist. Gebracht hat es uns den Kapitalismus und die moderne Kultur, aber auch, von niemandem vorhergesehen, den Stadthund. Als verantwortungsloses Tier kann ihn die Bürokratie nur als Risiko wahrnehmen; dem Gebot einer rationalen Lebensführung widerspricht er als nutzloser, lauter, dreckiger Fresser. Weder er noch sein Mensch sind rechtfertigungsfähig. Mehr als Duldung auf Widerruf haben sie beide nicht zu erhoffen.

So deutlich wird das natürlich nie gesagt, und schon gar nicht zu jemandem, der streitlustig zugibt, dass ein Leben ohne Hund, ja eine Stadt ohne Hunde ihm ärmer und trauriger vorkämen. Oder, wenn es erlaubt ist, eine Gedichtzeile von Günter Eich zu variieren, der von Bäumen sprach, und die bei Rutschkys Motto geworden ist: «Wer möchte leben ohne den Trost der Tiere!»

Deshalb sind mir vergleichsweise jene Hundefeinde noch die liebsten, welche ihre Katzen gegen die Hunde ausspielen wollen. Wer das tut, dünkt sich nach meiner parteiischen Beobachtung immer etwas Besonderes, ist extra sensibel gegen Zugluft, Äußerungen des schlechten Geschmacks anderer und fein gebildet, womöglich gar kreativ. Mit Hund assoziieren sie alles, was im Attribut «hündisch» gedacht wird. Der Hund hat die Mentalität des Sklaven, ist schmutzig und aufdringlich, kurzum prolo und vulgär. An der Katze werden vor allem Stolz und Unabhängigkeit hervorgehoben; auch als Haustier habe sie sich ihre Freiheit irgendwie bewahrt, und kommandieren wie einen Hund könnte man sie schon gar nicht. Wenn die Diskussion sich erhitzt, wird mir womöglich gar entgegengehalten: «Diktatoren haben Hunde, Dichter Katzen!» Zwar fällt nach diesem Schlag niemandem außer Hitler einer ein, Dichterkatzen gibt es entschieden mehr – aber es gibt ja auch mehr Dichter als Diktatoren! Hunde in der Politik, darüber ließe ich schon eher mit mir reden: Die Familie Brandt hatte eine Art Labrador, die Familie Rau hat eine Art Riesenschnauzer, und im Weißen Haus gibt es eine förmliche Tradition der Hundehaltung, nicht der Katzenhaltung. Nach dem Einzug von Tony Blair in 10, Downing St hat es Probleme mit einem Kater gegeben. Was folgt daraus? Von Hunden kann man bei Presseterminen ein brauchbares Foto erhoffen, von Katzen nicht. Sie halten sich, ganz anders als Hunde, erst seit wenigen hundert Jahren in Menschennähe auf.

Werde ich in die Enge getrieben, entwaffne ich die als Katzenfreunde getarnten Tierfeinde mit der Mitteilung, dass ich außer mit Hund auch mit Katze zusammenlebe. «Ja, und das geht?», fragen alle erstaunt zurück, denn sie kennen die Redensart «Wie Hund und Katz» und trauen beiden nicht zu, dass sie lernen können, miteinander auszukommen und oft genug auch Spaß aneinander zu haben. Wer zwei so unterschiedliche Tiere hält, wundert sich dagegen nicht mehr darüber, dass die Kleinfamilie bis heute die wirkungsvollste Sozialisationsagentur der Weltgeschichte geblieben ist.

Die echten Katzenfans immer ausgenommen, verdächtige ich eine gewisse Spezies der Hundekritiker unter ihnen außerdem der Unkenntnis dieser Wesen, deren indirekte, sozusagen tangentiale Annäherung an den Menschen sie zu Stolz und Unabhängigkeit hochmodulieren. Dabei sind Haus- und Wohnungskatzen eher als «antriebsschwach und sensationslüstern» einzuschätzen, also ganz genau so wie wir Frauen nach der unkorrekten These von Robert Gernhardt. Meine Katzen jedenfalls haben meinen Einfallsreichtum und meine Entertainerqualitäten in einem Maß gebildet und herausgefordert, wie es meine Hunde – nun ja – gar nicht nötig hatten. Ihnen steht die Stadt offen.

Eine zweite Familie von immer noch gemäßigten Kritikern der Hundehaltung in der Stadt verschanzt sich hinter dem Tierschutzgedanken. Entgegen der gesicherten empirischen Erkenntnis, dass der Stadthund gesünder und langlebiger ist als der sagenhafte Landhund, gehen sie davon aus, dass so ein Tier zum Beispiel in Berlin, Hamburg oder Köln nicht artgerecht gehalten werden könne. Oft hätten sie selbst gern einen Hund, aber wenn sie ihm und sich selbst dazu nicht das paradiesische Ambiente bieten können, das sie sich als «Natur» und «intakte Umwelt» zurechtlegen, dann verzichten sie lieber. Ob der Hund als Menschentier im Paradies, das man sich schlimmstenfalls wie eine riesige Bundesgartenschau, bestenfalls wie ein befahrbares Reservat vorstellt, überhaupt noch einen Platz haben kann, bezweifle ich sehr. Im Paradies braucht man keinen Hund, den braucht nur der, der es nicht erwarten kann, sondern hier und heute, mit Abstrichen und Kompromissen, in seiner Freizeit leben möchte.

Unklar ist überhaupt, was bei einem Menschentier wie dem Hund eigentlich «artgerecht» heißen kann. Hat Konrad Lorenz nach dem «Urhund» geforscht und ist er von daher zu abschätzigen Urteilen über gewisse heute lebende Hunde (darunter die Cockerspaniel) gekommen, so liegt es in der Tendenz von Elizabeth Marshall Thomas, das eigentliche Wesen des Hundes sich da offenbaren zu sehen, wo er unter seinesgleichen und in möglichst großer Distanz vom Menschen lebt. Unbestritten, dass jeder Hunde- und Tierliebhaber von ihrem Beobachtungsexperiment profitiert, auch wenn es gehörig vom modischen noli me tangere der modernen Naturverklärung infiziert ist; aber gerade ihre Berichte über Dutzende von Hunde- und Katzenpersönlichkeiten aus ihrer privaten Tierhaltung in Suburbia machen die eigentlichen Wissenslücken sichtbar, in deren Konsequenz der Stadthund und sein Fan zu leiden haben. Hat die Erforschung der «nutzlosen» Haustierhaltung, der «pet animals» und «domestic dogs» in England immerhin schon einige Fortschritte gemacht, so sind bisher bei uns einige Marburger Volkskundler und Ethnologen die Einzigen geblieben, die das Menschentier als seriösen Forschungsgegenstand wenigstens entdeckt haben. Da braucht man sich eigentlich nicht zu wundern, dass der Beitrag der Obrigkeit zur «artgerechten» Haltung des hündischen Freizeit- und Sozialpartners so vieler Bürger weiterhin nur im Anziehen des repressiven Schraubwerks besteht. Konnte man sich dabei bis vor wenigen Jahrzehnten immerhin noch auf erhebliche allgemeine Gesundheitsrisiken, wie zum Beispiel die Tollwut, zur Begründung berufen, so sind nach deren Schwinden eigentlich nur Idiosynkrasien und Phantasien übrig geblieben, die, in der griffigen Formulierung «Menschenschutz geht vor Tierschutz, Kinderschutz über alles», dann auch Letzterem den Garaus machen. Wenn dem Stadthund und seinem Fan zu ihrem Glück etwas fehlt, dann ist es nicht das Landleben, sondern schlicht und einfach die gründliche Revision kaiserzeitlicher Parkordnungen, die nur für den Hund noch gelten. Eine Gesellschaft, die die Abschaffung der Bahnsteigkarte riskiert hat, ist aber irgendwann einmal auch dafür reif, dem mündigen Hund ein wenig mehr Freiheit zu gewähren!

Eine dritte Sorte von wirklichen Hundefeinden ist ganz schwer zu identifizieren, weil sie sich zum großen Teil aus Leuten zusammensetzt, die selbst einen Hund haben. Im Unterschied zu anderen Menschen ist es aber der richtige, und sie sorgen auch richtig für ihn, was sie vornehmlich durch kritische Auslassungen über alle andern beweisen. Neben Rechthaberei und missionarischen Neigungen, von denen wohl kein Tierfan frei ist, habe ich als Grundlage dieser besonderen Hundefeindschaft den sozialen Dünkel ausgemacht, der Stilfragen und Geschmacksurteile gern mit höherer Einsicht und Erkenntnis verwechselt; außerdem die so genannte Tierliebe. Hier liegt eine Verwechslung von Interesse und Wohlgefallen am Leben mit einem Hund mit moralischer Arbeit vor. Der Hundefan erscheint als Aktivist des Tierschutzes. Das ist genauso falsch wie die Vermutung, Leute bekämen Kinder, weil sie nicht nur «kinderlieb» sind, sondern sich lobenswerterweise an ihnen auch noch als Kinderschützer betätigen wollten. Der Tier- und der Kinderschutz zielen aber immer kompensatorisch auf die Tiere und Kinder derjenigen, die für selbstverständlich gehaltene Pflichten ihnen gegenüber versäumen. Die Tier- und Kinderliebe, von der beide Bewegungen leben, hat deshalb nicht die Liebe, sondern in beiden Fällen eine allerdings reichlich sentimentalisierte Moral zum Handlungsgrund. Ihre Protagonisten zeigen eine fatale Neigung zur hysterischen Überzeichnung und aufgeregten Appellen, mit denen sie andere im Handumdrehen ins Unrecht setzen. Weil sich der moralische Benimm, für den sie sich engagieren, im Grunde aber von selbst versteht, geraten sie ihrerseits leicht ins Rollenskript des peinlichen Gutmenschen, dessen gute Absichten in einer Wolke von Wichtigtuerei und Selbstbeweihräucherung ersticken.

Die parallele Entwicklung von Tier- und Kinderschutz in Gesellschaften, die vom Geist des Kapitalismus geprägt sind, ist kein Zufall. Die ostentative Zuwendung im Namen der moralischen Tier- und Kinderliebe verdeckt nämlich die Mühe, die ihre Anerkennung wegen offensichtlicher Systeminkompatibilität bereitet. So viele Hundeverordnungen gegen Hunde, so viele Verordnungen gibt es gegen frei laufende Kinder seit dem 19. Jahrhundert in den Städten. Dabei hatten die Kinder noch Glück im Unglück; denn sie verschwanden aus dem öffentlichen Raum bloß in die Reservate des Kindergartens und der Schule, wo sie als Lernarbeiter doch noch dem Gebot einer rationalen Lebensführung angepasst werden konnten. Als Lernende wird in sie investiert und auf spätere Rendite gehofft. Der Preis ist eine Kinderferne der Gesellschaft, oft als Kinderfeindlichkeit denunziert, die mit sozialpolitischen Anstrengungen allein nicht mehr zu beheben ist.

Weil Kinder ganz genauso wie Hunde eigentlich immer stören und irgendwie unpraktisch sind, lässt sich mit Leuten über ihren Kinderwunsch ganz mit denselben Worten reden wie mit anderen über ihren Hundewunsch. Wer kennt nicht verantwortlich Denkende, die in diese Welt jedenfalls kein Kind setzen – oder einem Wesen auf vier Beinen das Stadtleben nicht zumuten wollen. «Dann ist man ja auch so gebunden, fünfzehn Jahre lang», fürchten andere. Auch hier liegen die Parallelen auf der Hand; denn spätestens in der Adoleszenz wird der Abflug aus dem Nest der Eltern geprobt. Eine schwere Zeit auch für den Hundefan, der sich jetzt von seinem Tier verabschieden muss, allerdings nicht nur psychisch, sondern definitiv.

Andere sehen Probleme in Beruf und Karriere voraus: «Ja, wenn man die mitnehmen könnte in die Firma, dann ginge das (mit Hund oder Kind)!» Mit einer gewissen Wehmut denke ich an die Jahre zurück, als Nickel mich an meinen damaligen Arbeitsplatz in einer Schule selbstverständlich begleiten durfte. Das war auch die Zeit, in der Kolleginnen während der Konferenz ihr Baby stillten. Zu beidem gehören heute neuer Pioniergeist und Kampfesmut. Gern denke ich an die hochkalibrige Juraprofessorin, damals war sie noch Dozentin an minderen Paukanstalten, die niemand davon abhalten konnte, ihren Terrier auf wissenschaftlichen Tagungen weiter zu bilden. Wenn es passt, gebe ich ängstlichen Hundekandidaten, die ihren Hund (und sich mit ihm) in die Situation verfolgter Außenseiter imaginieren, die Autorität von Anna Freud mit auf den Weg. Hatte ihr alter und schwer krebskranker Vater Glück und Lebensfreude aus dem Zusammensein mit seinen Chow Chows geschöpft, so ließ sich Anna Freud schon seit jungen Jahren von Schäferhündinnen überall hin begleiten. Das setzte sich selbstverständlich nach der Emigration nach London und in ihrer psychoanalytischen Kinderklinik fort. Da waren natürlich auch die eventuellen Hunde anderer zugelassen. Stimmungen gegen sie bügelte Anna Freud mit dem schönen Satz ab: «She (he) has any right to be here.»

Kinder und Hunde erzeugen Abhängigkeiten, schränken die beruflichen Bewegungsmöglichkeiten ein und mindern den Anspruch des schwer Berufstätigen auf den Sport, das Spiel, den Spaß und die schönen Reisen, auf die er doch Anspruch hat. «Bei jedem Wetter wenigstens dreimal Gassi gehen», so werde ich oft gefragt, «und sonnabends will man doch ausschlafen! Kann man das überhaupt schaffen?» Für Kinderhalter kann ich ja nicht sprechen, aber als Hundefan darf ich vermelden, dass Sport, Spiel, Spaß und Wetter sich für mich seit meiner Hundezeit schlagartig in ihrer Bedeutung verändert haben. Das Hundewetter zum Beispiel sieht anders aus als das Menschenwetter. Hier wird ununterbrochen geseufzt, geklagt und gehofft, wenn die Sonne nicht scheint und die Temperaturen nicht so hoch steigen wie im Süden. Ganz anders der Hund. Erstens geht er immer gern auf Tour, die Wetterfrage ist völlig nachgeordnet. Zweitens liebt jeder Hund Nässe und Dreck und wird allenfalls bei hochsommerlichen Hitzewellen kritisch und unlustig, wenn es nach draußen gehen soll. Allein schon die un-menschliche, antizyklische Denkweise des Hundes gegenüber der Unbill des so genannten Wetters ist ein Quell für frohe Lebenserweiterung. Ohne meine Hunde hätte ich nie erfahren, wie herrlich es sein kann, trotz eines Wolkenbruchs stoisch meiner Wege zu ziehen. Ein verregneter Sommer, über den sich alle so beklagen, als hätten sie ein Recht auf Sonnenschein für alle erlittenen, tapfer ausgehaltenen Zumutungen des Alltags, ist für meine Hunde immer ein schöner Sommer gewesen. Na, und so weiter. Die Einschränkung der Reisefreiheit, die einzige Freiheit, die bei Deutschen bislang wirklich geschätzt wird, habe ich auch nicht kennen gelernt. Einerseits verlieren Reisen ohne den Hund beträchtlich an Reiz; zweitens kann man sich viele Reisen sparen, weil der Hund eine Menge Reisen jeden Tag durch seine schiere Gegenwart – und billiger! – ersetzt, drittens findet jeder für seinen Hund, wenn es sein muss, sicher auch Äquivalente: für die Oma, den Herrn Höge, die Frau Doktor Vogel oder die wirklich tiernärrische Lyrikerin Inge K., die es öfter neugierig auf sich genommen hat, ihren beiden Katzen die Gesellschaft meines Hundes und außerdem meiner Katze annehmbar zu machen. Als ich meinen ersten Hund zum ersten Mal ein paar Tage in Pflege geben musste, vergewisserte ich mich täglich seines Wohlergehens per Telefon. Ich genierte mich deswegen; denn ist ein Hund nicht bloß ein Hund und ist es berechtigt, den Freund, der ihn betreut, mit Misstrauen zu überziehen, mit Fragen und Prüfungen, ob er alles richtig macht, obwohl man ihm ja stundenlange Vorträge gehalten und schriftliche Anleitungen übergeben hat? Die Telefonnummer des Haustierarztes und die des Tierärztlichen Notdienstes inklusive? Die Situation können wohl nur Eltern kleiner Kinder nachvollziehen.

Betrüblich, dass die Parallelen zwischen Kinder- und Hundehaltung so wenig gesehen werden und stattdessen in märchenhaft anmutenden Szenarien eine Bedrohung glücklicher Kinder vor allem durch wilde Bestien imaginiert wird, die zügellos durch die Stadtidylle streifen, um die lieben Kleinen, kurz gesagt, zu traumatisieren.

Damit komme ich vom Hundefeind als Individuum zur Hundepolitik im eigentlichen Sinn. Traditionell vorgegeben sind zwar ihr rein repressiver Charakter und die vollständige Ignoranz gegenüber der großen Minderheit von Menschen, die in Städten einen Hund als Freizeit- und Sozialpartner schätzen. Die Gründe aber, warum man sie gerade wieder einmal pikst und zwackt und straft, ändern sich mit den Phantasien und Ängsten, die im Bauch des Kollektivs rumoren. Ehe die Bedrohung der Sicherheit und des Sicherheitsgefühls der Bevölkerung, wie seit den neunziger Jahren geschehen, gegen den Stadthund angeführt wurde, gab es andere, die verschwunden sind, als hätte es sie nie gegeben.

Fast rührend zu lesen, was Kurt Tucholsky 1927 in seinem «Traktat über den Hund, sowie über Lerm (!) und Geräusch» gegen Hunde und ihre Liebhaber einzuwenden hat. Der Hund bellt, dringt mit dem Krach ins Privatleben anderer ein, und der zugehörige Mensch schließt vor diesem Verbrechen die Augen beziehungsweise die Ohren: «Ich höre das gar nicht!»

Die Hundeverachtung des Satirikers – der Hund hat seine edle Wolfsnatur für einen Appel und ein Ei an den Menschen verraten – wird womöglich noch übertroffen von seiner Misanthropie: Reaktionäre und Spießer allesamt. Der ungewöhnlich lange Text Tucholskys lässt mich zweifeln, ob ein so tief gefühlter Hass gegen Mensch und Tier noch literarisch in Aufklärung umzusetzen ist. Als Swift 1729 die Schmackhaftigkeit von Kinderbraten pries, um dem Elend der Armen in Irland abzuhelfen, ohne scheinbar den Status quo der ungerechten Güterverteilung anzugreifen – hier Hunger, da Feinschmeckerei –, war sein sachlicher Zynismus nicht nur originell, sondern auch kühn. Beide Merkmale vermisst man bei all den literarisch-satirischen Versuchen, der modernen Hundefeindschaft eine höhere, womöglich gar humanistische Weihe zu geben. Sie kann aber nicht anders als parteiisch sein, denn die moderne Haustierhaltung gedeiht auf demselben Boden wie ihre Kritik: Die Sehnsucht der einen ist der Abscheu der anderen.

Die siebziger und achtziger Jahre standen mit einer Ausschließlichkeit im Zeichen des ästhetischen Ekels, der heute, wo das Sicherheitsgefühl im Vordergrund steht, kaum noch glaubhaft ist. So schnell ich dieser Tage meine Archivmäppchen mit Bildern und Texten über «Kampfhunde» fülle, so ergiebig war jene Zeit an, pardon, Scheiß-Material. Auch damals fehlte es nicht an Versuchen, den Hass gegen Hunde und ihre Anhänger literarisch-satirisch aufzumöbeln. Das Prachtstück meiner damaligen Sammlung ist eine fiktive Reportage über einen Hundekiller, einen tapferen Untergrundkämpfer, der sich endlich der guten Sache angenommen hat, an die sich sonst niemand herantraut. Nach reiflicher Überlegung ist dieser hochmoralische Mensch zu der Einsicht gekommen, dass in der Stadt nur ein toter Hund ein guter Hund ist. Begründung: «Täglich 16 Tonnen Kot produzieren sie, 16 Tonnen, die sich als kleine Häufchen übers ganze Stadtgebiet verteilen und tagelang liegen bleiben, jeden Tag ergänzt um weitere 16 Tonnen: über 6000 Tonnen Scheiße im Jahr.» Tief enttäuscht zeigte sich dieser Guerillero auch von der politischen Jugend Berlins. Hatte er bis dahin geglaubt, dass nur einsame Omas und Opas oder Gefühlskrüppel einen Hund brauchen, musste er bald feststellen, dass auch bei Hausbesetzern Hunde plötzlich angesagt waren.

1982, zwei Jahre bevor die Berliner «Tageszeitung» diesen mörderischen Weg zur hundefreien Stadt zur Debatte stellte, hatte ein Münchener noch zivilere Ideen zur Beseitigung des Hundedrecks: «Ab sofort keine Genehmigung für Hunde in München. Damit sterben in etwa sechzehn Jahren die vorhandenen Hunde aus. Die Besitzer brauchen sich nicht von ihren Lieblingen zu trennen. Der Hundedreck wird von Jahr zu Jahr weniger, und der Stadtsäckel kann sich mit den geringeren Steuereinnahmen auch langsam daran gewöhnen. Alle anderen Maßnahmen sind zwecklos.» So ist es dann nicht gekommen, allerdings kann sich München heute rühmen, praktisch wenigstens kampfhundfrei zu sein, wozu eine rigoros durchgeführte neue Hundeverordnung von 1992 die Mittel bot.

Die Hundepolitik, eine im Grunde ja immer einfallslose Politik gegen Hunde und ihre Anhänger in der Stadt, unterliegt also Konjunkturen, die weder von Vernunft und Sachverstand gesteuert werden, noch vom Gebot des Interessenausgleichs innerhalb der Stadtbevölkerung etwas wissen wollen. Die einen haben Recht, und je mehr sie vermeintliche Selbstverständlichkeiten durchsetzen wollen, desto trotziger stehen die anderen zu ihrem Hund. Soweit ich sehen kann, haben aufwendige Kampagnen, die Hundebesitzern lauthals schlechten Benimm ankreiden, nicht dazu geführt, dass eine nennenswerte Zahl den Hundekot heute entsorgt. Umgekehrt scheuen sich Polizisten genauso wie Hundefeinde aber auch, solche sichtbar vorfallenden Gesetzesverstöße zu ahnden oder zu monieren. Welcher zivilisierte Mensch will einem anderen, Unbekannten, erklären, was Anstand und Sitte vorschreiben? Und die Staatsgewalt sowie den Bürgermut gegen Hundescheiße aufzurufen – das scheint den meisten zum Glück doch out of proportion.

Bemerkenswert war an den alten Kampagnen gegen Hundedreck, dass sie sich argumentativ nur auf Hochrechnungen wegen Scheiße und nicht auf eine gesundheitliche

Gefährdung der Bevölkerung im Allgemeinen beriefen. Der Ekel, eine von ästhetischen und individuellen Idiosynkrasien hochgradig abhängige Reaktion, stand im Vordergrund. Es ist nicht jedem gegeben, sich 6000 Tonnen Hundekot in Bilder zu übersetzen und zur Tat zu schreiten ...

Heute, zwanzig Jahre später, da der Hund plötzlich als Sicherheitsrisiko eingestuft wird, bedarf es solcher verwickelten Kopfoperationen nicht mehr, weil, wie man es schon von zahlreichen anderen Kampagnen der letzten Jahre kennt, «ein Fall ein Fall zu viel ist». Deshalb braucht es auch keine Zahlen, die außerdem auch fehlen und die dort, wo wenigstens eine grobe Beiß- und Unfallstatistik existiert, eine schwer verständliche Sprache sprechen. Ein Hund ist ein Hund und kann beißen, aber tut er es, und wenn ja, unter welchen Umständen? Da heute kein Hund beißt, ohne wenigstens in die Zeitung zu kommen und öfter auch gleich zur Beobachtung ins Tierheim eingewiesen zu werden, lohnt es sich, solche Fälle genau zu betrachten. Wenn etwa ein Münchner Rottweiler, fünf Jahre alt und Gast auf einer Familienfeier, brav in der Ecke liegt und wartet, dann kann sich der Hundefan vorstellen, was passiert, wenn sich ihm ein argloses, unbekanntes, aber auch unbehütetes Kleinkind von anderthalb Jahren nähert und ihm ins Gesicht patscht. «Das Kind wollte doch nur spielen», könnte man die notorische Ausrede umformulieren, die so gern verantwortungslosen Hundehaltern angedichtet wird. Jedenfalls hat der Rottweiler geschnappt und das Kind an der Nase verletzt. Der Hund wurde ins Tierheim gebracht, ein Gutachter wird urteilen, und notfalls muss der fünfjährige Hund getötet werden.

An Einzelfällen versucht man zu beweisen, dass der Hund ein bislang sträflich unterschätztes Gefahrenpotenzial darstellt, und daraus wird dann der weiter gehende Schluss gezogen und in die Tat umgesetzt, dass dem Sicherheitsgefühl der Bevölkerung mit neuen, schärferen Gesetzen aufgeholfen werden muss. Leider weiß man aber schon, oder sollte es doch wissen, dass Sicherheit und Sicherheitsgefühl zwei voneinander so gut wie unabhängige Zustände sind. Weil die Kriminalitätsfurcht der Deutschen im internationalen Vergleich sich umgekehrt proportional zu ihrer Chance verhält, tatsächlich Opfer von Kriminalität zu werden, behaupte ich einmal, dass in Deutschland, im Lande Kants, die Angst mit der Sicherheit steigt. Wo der Kant'sche kategorische Imperativ in der Fassung: «Ja, da könnte ja jeder kommen!», oder: «Wenn das alle tun würden!», Ausnahmen, Zufälle und Unfälle grundsätzlich nicht mehr vorsieht, werden neue Vorschriften nur die Folge haben, das ratlose Erstaunen, die Erschütterung und eben die Angst noch zu vermehren. Dass die Selbstregulierungskräfte der Gesellschaft, der tatkräftige Bürgersinn und auch die Zivilcourage vom naiven Vertrauen auf die Zuständigkeit derer da oben auch nicht gerade profitieren, behaupte ich außerdem.

Eingebrockt hat uns die gegenwärtige Hundepolitik die Mode der so genannten Kampfhunde. Mittelgroße bis große Hunde sind allgemein in den letzten Jahren in Schwang gekommen. Wo man sich früher mit Dackeln und Pudeln beschied, werden heute Hütehunde aus aller Herren Länder und vor allem Golden Retriever gehalten; anderswo aber «Kampfhunde». Die Phantasien, die uns bei der Wahl eines Hundes leiten, und es sind in der Regel Phantasien, sehen in der tonangebenden Mittelklasse nun einmal anders aus als anderswo. Sich das einzugestehen erfordert eine gewisse Disziplin. Lange ehe der Kampfhund mit seinem Halter, von Gerüchten umrankt, als Feind erkannt wurde, hatte man ihn unisono als abstoßend hässlich wahrgenommen. Wer einen treuherzig blickenden, kuschligen Hütehund mag, dessen robuste Kinderliebe ihm schon vom Züchter bescheinigt wird, hat eben Schwierigkeiten, sich in Leute hineinzuversetzen, die Hunde lieben, die im Ruf stehen, tapfer, stark und unglaublich treu und anhänglich zu sein und ihre Weltsicht in einer stoischen Maske zur Schau zu tragen. Erwarten wir nicht von vielen, die in der berüchtigten Zweidrittelgesellschaft härter rudern und sich mit weniger Erfolg als wir begnügen müssen, genau das: Stoizismus?

*

Ich widme dieses Buch meiner alten Freundin Lucie J., die in ihrem dreiundneunzigjährigen Leben die Bekanntschaft mit sechs Scotchterriern, einem Schäferhund, einem Bernhardiner und diversen Mischlingshunden gemacht hat. «Eine Stadt ohne Hunde», sagte sie oft, «das kann ich mir gar nicht vorstellen.»